親子一起練功夫

唐詩功夫首創者 **任培豪**———著

鍛鍊體能與防禦力
提升專注力

目錄 CONTENTS

目錄 CONTENTS

社群媒體網站「媽媽經」創辦人 **林家麟**

　　媽媽經長期推廣幼兒防身教育，並邀請培根老師在媽媽經網站中與父母分享正確觀念，如今出書，代表現代家長也與我們一樣重視孩子教養與人身安全。

　　日前驚傳隨機傷人新聞事件與校園霸凌現象頻傳，培根老師傳授簡單口訣，教導孩子在面對危機時的防身小技巧深受許多家長認同，培根老師獨創「唐詩功夫」融合詩詞文學與武術文化的精神，是老師結合十多年教學經驗，其中最關鍵的幼兒基礎防身觀念，則用獨特活潑有趣易懂易記的口訣，更成教學亮點。

　　如老師所述，幼兒學功夫防身，應是在降低自己的傷害，爭取時間，等大人救援！父母平常一定要多陪伴孩子學習演練防身默契，相信這本《親子一起練功夫》更能在家就快速上手，與孩子共同培養擁有自我保護的習慣！

英國諾丁翰大學孵化園共同主任‧劍橋大學科技管理博士
郭庭魁

　　對於眾多的家長來說，總希望能讓小朋友維持好體力及運動的好習慣，在成長過程中能夠健康地成長，因此許多的課程針對這樣的需求而提出，有的動腦、有的動手，而武林文創不僅讓你動腦、動手，也動心！

　　武術講求的不僅是外向的動，更重要的是內向的靜，能夠鍛鍊心智與磨練性格，陶冶品格，培根老師更將傳統中華文化的唐詩融入其中，以武術為本，唐詩為用，的確能讓小朋友在最短時間內得到最多的洗禮與學習，在此推薦給眾多的家長們，不妨可以跟著小朋友一起試試看，如沐春風、如浴冬陽。

《讀者》雜誌台灣發行人 吳治亞

我長年往返兩岸，深知全世界的洪流，早已逐漸以中華文化為核心，不斷靠攏、匯流。其中，「中文」的興起尤為全球趨勢指標，美國總統川普的孫女，也以流利地背誦唐詩為傲，由此可見時代的脈動與轉型，勢不可擋。

既然全世界都抵擋不了這股潮流，那麼培豪就做了一件極對的事！他起了頭，將優良的中華文化向下扎根，不只孩子喜歡，父母更愛讓孩子學，因為大家知道，唯有文化的洗禮，幼苗才會端正。

我對於培豪其中一個教育眼界非常贊同，那就是要從小培養「君子」。君子不是與生俱來，而是後天栽培出來的。我們的社會從來不缺聰明人，但很缺君子。

文與武，不是一個漂亮好聽的口號而已，是需要實踐的，用腦袋思考、用身體力行，更用心展現。君子，就是從文中薰陶過人的思維，從武中磨練超凡的氣魄。

培豪能夠堅持這熱忱與初衷，發現文化之美、創造文化之美，再發揚文化之美，是何其不易與可貴？他打造了新時代的文武學習模式，讓允文允武變得簡單，卻也不簡單。

簡單在於，三歲小兒才跟著他學一個小時，就能背出〈詠鵝詩〉，出拳打掌有模有樣。如此的培育成就，別說看在父母眼中不可思議，整個華人圈都驚艷了！

不簡單在於，他打破了約定俗成的刻板印象，讓拳腳不再是魯莽的代名詞，讓吟詩不再是文弱書生的表徵，而是兩者交融、翻轉成為有資格站上國際舞台的中華文化教育理念，如此優秀的創造力，我們引以為傲、給他無限掌聲。

一本給孩子成長思考、
品德要求與健康人生觀的寶典

蘋果劇團團長 **方國光**

　　培根老師出書啦，這本新書不只詳細介紹了功夫的招式拆解以及標準的動作範例，我更覺得這本書是親子間建立更親密溝通模式，以及建立兒童品德兼備的超級祕笈。坊間很多以互動遊戲、創意教具、顏料繪畫等當成兒童創意啟蒙的方式，但是從親子學功夫的角度出發，鼓勵家長跟兒童一起互動的，本書可說完全開了先河了。

　　學習武功的好處跟重要性，本書均有十分詳盡的著墨，我是個大外行不敢妄自描述，不過書中很多內容介紹倒是可以從本人多年從事兒童戲劇製作及親子互動設計的經驗中與讀者分享心得。

　　首先，本書不僅可以學習武功，書中指導者與學員間的角色也可以讓親子輪流擔任（親子角色扮演指南的概念），家長扮演指導老師，小孩扮演學員，家長可以遵照書中指示指導幼兒標準姿勢。也可以由家長扮演學員，讓小孩扮演師傅，此時對家中兒童來說，爸媽動作是否到位就是一個很好的觀察課程了。我相信教學相長、我也相信易位思考，互換角色剛好可以滿足親子的扮演欲又可以增加學習的趣味性。

　　其次，武術學習不是為了打架，更不是好勇鬥狠。武字拆開解釋，就是眾人熟悉的「止戈為武」，武術除了有強身健體的作用，更能奠立兒童體態的均衡發展，以及手腳協調肢體平衡的作用，這方面武功不但跟創意戲劇有異曲同工之妙，甚至有系統有脈絡，更能達到幫助兒童全方位發展大腦反應與指揮動作的作

用，兒童創意課程中鼓勵兒童盡情伸展肢體，認識自己的身體，有什麼方式比起學習武功更能夠了解自己的呢？

　　培根老師的大作中，雖然以親子功夫介紹為主，但是我卻覺得，與其說這是一本教導親子功夫的書籍，不如說，這是給孩子們更多成長思考、品德要求與健康人生觀的寶典。武術練習形於外而修於內，雖然是很多肢體的組合及動作的連貫，但是要專注精神，屏氣凝神，加上唐詩朗誦搭配拳腿招式，所有的武功本身就是一連串的聲音肢體創意練習，買本書在家依樣畫葫蘆，相信也會有很多意外收穫的。當然能夠追隨培根老師親自體驗絕對進步會更快，但按圖索驥有時候也會有探索跟冒險的趣味，我們一起來親自體會吧！

引領孩子進入
文武兼修的新世界

媽媽悅讀基地研修長 丘美珍

　　我是三個孩子的媽媽，在孩子小的時候，曾經非常熱衷安排孩子的課外活動。有一次，透過綠豆粉圓爸的臉書，我看到有一位培根老師，在榮星花園教導小朋友唐詩功夫。把唐詩和功夫結合，這是多麼新穎的創意！身在文創業的我，看到這樣的教學深深讚歎。雖然，後來因為時間不能配合，我們沒能加入學習的行列，但是，我卻已經對這位老師留下深刻印象。

　　為什麼想讓孩子學習武術？我一直覺得，現在的孩子用腦多、用眼多，但卻缺乏身心整合的體育活動。而武術內外兼修，可以強身又能領略中華文化的精華，而且不需同伴，一個人也能練，的確能帶給孩子非常獨特的、文武合一的體驗。

　　幾年之後，孩子陸續升上高年級，我因工作之便與這位培根老師有了接觸，並且非常榮幸地，把他請到我們所在的社區來教學。經過幾次深談，我才知道，身高超過一百八十公分，身材壯碩的培根老師，其實有著不為人知的過去，他的成長歷程是一段艱辛的命運奮鬥史。

　　培根老師本名叫做任培豪，也許，當初他的長輩為他命名時，確實是想要把他栽「培」成英雄「豪」傑。只不過，命運開了一個大玩笑，培豪從來沒有見過父親，不知道自己的父親是誰，而他的母親在他幼年時，就把他託付給外婆，之後就不知所蹤。培豪是外婆帶大的孩子，也常常受到阿姨們的關懷，不過，窘迫的生活環境，以及父母親同時缺席的童年，還是讓他小小年紀就備嘗人生苦澀。

從小學進入國中，他的運氣並沒有變好，反而變得更糟。家裡的狀況如昔，而他在學校竟然又遭到同學霸凌。培豪回憶說，他在學校最怕碰到下課時間。只要去上個廁所回來，他的鉛筆盒、課本、書包就會失蹤，他詢問同學，從來得不到答案，回應他的只有不懷好意地訕笑。最後，他只好到垃圾桶裡面，或是教室外面的水溝旁邊，撿回自己的東西。

　　感覺像被整個世界遺棄的少年培豪，曾經想要學壞，想要加入幫派壯大自己。但是，真正有機會參加第一次械鬥時，他卻突然清醒，知道這並不是他想要的人生，因而自己為自己踩了剎車！從那之後，他似乎一夕成長，開始思考，自己到底想要什麼樣的人生。

　　高中時，有一次在生日前夕，他經過家裡附近的武術道館。在人來人往的街頭，他停下腳步，凝視著對街道館裡那一幕彷彿舞台劇的景象：在暖暖的燈光下，那些人穿著潔白的道服，充滿活力。他們在教練的指示下攻防，井然有序，正氣凜然。培豪在街上看得入神，心中有強烈的渴望，想要變成其中的一分子。

　　從那一刻，他開始拿回人生的發球權，不再受命運擺弄。他罕見地跟外婆要了生日禮金，用這筆錢繳了第一期的學費，開始習武。他挑戰自己體力的極限，不論教練如何操練他都不以為苦。這段初學就開始苦練的日子，雖然身體疲累到極點，累到他晚上回家爬樓梯都覺得舉步維艱，不過，也是在這個時候，他感受到心靈的富足，以及「這個世界終究有我容身之處」的歸屬感。

　　天賦加上毅力，培豪從那時到現在，一路在武術的道路上行走多年，並且因此結識嬌妻美眷，成家立業。然而，就我看來，與其說是培豪找到了武術，不如說是武術找到了他。

　　武術，大概是最能展現中華特色的文化要素了。只是，歷經千年傳承，現代武術無疑碰到瓶頸，如何能年輕化、創意化，是

當務之急。

　　培豪是個天分極高的武術老師，尤其擅長創新。在先前奔走各地教學的日子裡，他曾經初到一個學校，就為那個學校創造了一套學校專屬的拳法，這種即興創作的實力，正是培豪最厲害的地方。

　　他將武術結合唐詩，設計成適合小朋友的課程，深受歡迎。而他帶著小朋友上課時自創的口訣，或者上課時炒熱氣氛的口條，都展現了精緻的教學魅力，彷彿一場又一場的戲劇表演。

　　他在教學成名之後，因為各方邀約不斷，曾經瘋狂趕課。有一次我問到他的日常教學行程，竟然是早上在三峽，下午在竹北，傍晚在台北，晚上又回到三峽，而來去之間全仰賴一台摩托車代步。這樣緊湊的行程為他的身心造成莫大壓力，以致他出過一次嚴重車禍。之後，他與妻子重新調整教學策略，終於在台北市設立了一個雅致現代的武術教室，口碑極佳，甚至成為外交部招待外賓體驗武術的所在，平日也吸引著中外學生登門求教。

　　在這樣的光環下，培豪仍舊保持著創新課程的活力。也因此，這次看到他出版新書，倡導親子一起練功夫，我知道又是他另一次創意的演出。推薦這本書給所有的爸爸媽媽，以及學校的老師們，希望孩子因你們的引導而進入美好的武術世界，我相信，這會是孩子人生中，最為充實豐沛的體驗了。

培根老師的武功祕笈

點燈文化基金會董事長 **張光斗**

　　「培根老師」又要出手了，這次居然是不藏私地將「武功祕笈」公諸於世，這是多麼磊落寬厚的胸懷，我不禁雙手合十，對他行以最敬禮了。

　　僅憑任培豪老師的大名，似乎就要注定與江湖上行俠仗義，豪氣萬丈的劍客高人劃上等號。他的故事，也是由「點燈」節目的資深企劃陳淑淳的口中得知的。

　　一個從小被同學霸凌的瘦小男童，吃盡了無數苦頭，吞嚥了極端的屈辱，居然鼓起勇氣，向清苦持家的阿嬤開口要錢，決意到武館習武；這不打緊，竟然還遇上了一位好老師，願意減免學費，甚至免費教導他拳腳功夫。於是乎，僅是聽到培豪小朋友在校外取得擂台大賽的好成績，榮獲校方表揚，讓那些欺凌他的惡霸同學抱頭鼠竄……我都心緒澎湃地熱血起來，電影「黃飛鴻」振奮人心的主題音樂，頓時繚繞耳畔，久久不散。

　　於是乎，我立刻跟淑淳說，一定要把培豪老師找來「點燈」節目，讓他現身說法地將自己的奮鬥歷程分享給觀眾的同時，也能鼓勵更多的年輕人，要有勇氣面對困境，如培豪老師一般，培養出實在的道德學養，練就出豪傑的本事，昂首行走於人生道路。

　　「點燈」錄影的當天，我約了友人在一旁談論其他要事，等到會議告一段落，培豪老師的部分已經錄完，且離開了現場，使我多少有些惆悵，為的是沒有親自握握他的手掌，如實感受一下他旺健的精氣神。當然，更想親口問他，「培根老師」的外號是

怎麼來的？

　　這回，培根老師要將他的功夫揉進中國文化的神髓——詩詞歌賦，讓孩子們在演練身手的矯健之間，也能有意象上的琢磨與成長。然後，他不會為了賺錢而鼓勵學生們到他的道館練功，反倒鼓勵親子的互動，請父母藉由他手寫的「武功祕笈」，親自教導孩子們壯大身心體魄，這不是培根老師令人讚嘆的另一功德？

　　能夠為培根老師的新書寫序，是我無上的榮光；能夠為培根老師的新書推波助瀾，也是我的真心誠意。處在社會價值觀雜沓紛擾，混濁難堪的今日，培根老師願意豎起這面身心兼備、文武雙修的教育大旗，讓我對下一代的未來，又堆砌起期待的高臺，我渴望在不久之後，能夠看到培根老師的子弟們，在各個領域中出類拔萃，新生為國家的中間棟樑，那就真的是國家之幸，民族之福了。

習武修心，一生帶著走的能力

品學堂創辦人 **黃國珍**

　　週末的下午，在士林承德橋前一個文創基地中，溫暖的燈光和滿室榻榻米特有乾草香的空間中，一班十多位小學三至六年級的孩子，口裡念著唐詩，順著詩詞的含意，跨著步伐，掄起拳頭，將文字的音韻化為功夫的肢體流動。

　　這是「武林文創」唐詩功夫的課堂，而帶領孩子的老師，正是「武林文創」的創辦人，「唐詩功夫」的開創者任培豪老師。

　　第一次認識孩子口中的「培根老師」——任培豪教練，是擔任2013年TEDxTaipei Flip教育領域的共同策展人。當時他正在全台各地推廣由他所創的「唐詩功夫」，由於這是個極新的創意，而且累積了許多的好口碑，當年就邀請任培豪老師擔任講者。活動當天，他在舞台上分享自己的理念，更以俐落的手腳，示範唐詩功夫的課程與教學，真的為我和許多聽者開啟對功夫教育新契機的想像。

　　因為談起可以代表中華文化的兩個重要元素「功夫」與「唐詩」，透過以武術學習為基礎的肢體律動，結合唐詩文辭中的情意內涵，為武術學習注入人文的素養，也為詩作創造以身體參與的過程，給學員帶來更深一層的體驗，巧妙地結合兩者，達到身、心、靈的學習與成長。

　　在「唐詩功夫」這課程中，功夫鍛鍊的不只是體魄與技術，更是一個人心智習慣的力量。在不斷努力與自我要求之下，鍛鍊自我實踐的意志與無懼面對挑戰的強大戰力。唐詩培養的不僅是文學與經典，更是一個人豐富的內在感受。在反覆操練與體驗的

過程中，體會武術的精神，是學會做人處世的道理。

在培根老師的招呼下，原本休息的孩子們回到素淨的榻榻米上依序站立，我的一對子女和他們學校幾位好朋友也在其中。這堂課是「正氣武學」，孩子們在培根老師的引導下，口念詩文，拳腳伸展，一個動作完成，老師就細心地調整，或設計一個生活情境，示範如何應用，更適時貼心地為孩子提點詩句中的意涵，領略古文經典寓意，內化為學習與生活的態度。

課程介紹中說：正氣武學，期許練就一身正氣，不僅強身健體，舉手投足之間充滿君子風範。強調正向積極的學習態度，生活禮儀、自我規範、尊師重道、孝順父母。

「習武先修心」首重實踐。透過武術學習「動」的謹慎確實；經由文辭修行「靜」的內化沉穩，實現動與靜的功夫精神。這種由內而外，透過操作積累經驗，在體驗中深化學習的設計，正是當前素養教育的重要模式，孩子學會的將是一生可以帶著走的能力。

靜靜看著孩子在課堂上的學習，雖然兒子、女兒還是有小學三年級與一年級的天真神情，但是有挑戰性的基礎暖身與體能訓練一項一項堅持做完，內心的挑戰意志，超越了平時的安逸。覆誦詩文與再三演練拳法後，孩子的眼神不同了。專注的態度下，時間似乎過得特別快，這堂課下課了！學生與老師面對而立，雙方舉起雙手，左手握拳，右手合掌，以「拱手禮」向對方致敬。

這「拱手禮」我聽一位習武的長輩跟我說過，它代表「五湖四海皆兄弟」，這解釋充滿江湖的豪情，我很著迷。但我更很喜歡任培豪老師在每次下課前藉由拱手禮的手勢所賦予的新詮釋與叮嚀：

「各位同學，習武的人要練出強壯的身體，和擁有一顆善良的心，用心的照顧自己，也照顧別人，這才是功夫的精神！」

唐詩功夫既是身體的運動，心性的鍛鍊，文化的體驗，也

是處世的智慧。　看到唐詩功夫在培豪老師的手中誕生並日漸茁壯，現在又有這本書讓更多人可以以新的眼界開啟功夫武術的學習。身為一位家長，很開心有這樣的課程和書籍，為我們的下一代提供從內心到體魄全面成長的課程。

　　離開教室前，拿水壺給兒子和女兒的同時，兒子問我：「爸爸，我下一期還能來嗎？」這個問題回答了一切！

習武是為了培養武心，更是五心

閱讀社群創辦人、主編 **鄭俊德**

　　當社會又有虐童事件發生或是校園霸凌的新聞，每次聽到，我相信只要是做家長的，一定會心頭一揪，想著這可憐的孩子，當然更多時候，我們更想教育自己的孩子該如何保護自己。

　　台灣已經算是治安非常好的國家，但是仍會有這類兒童傷害的新聞持續出現，做父母的只能一再告誡孩子，社會的危險，但這麼做似乎也只是消極的作為。也因此很高興聽到培根老師投入在兒童武術的領域，透過自身過往小時候被霸凌以及體弱多病的經歷，後來因學習武術而改變人生，更重要的是有了更多自信可以去面對人生種種挑戰。

　　但說到習武，很多家長的觀念就是電影上打打殺殺的黑道，或是國術館的武術教學，師兄弟彼此站在木人樁上頂著水桶，一整個就是被電影的刻板印象洗腦。但如果有人認識培根老師，就會發現這些印象不一定正確，學武功也可以在很明亮的教室裡，而不是國術館中，學武功也像是舞蹈教室一樣，按時間排進度去上課，而不是站木人樁。

　　更棒的是你也可以透過這本書，在家親子練習，按著書上的動作教導孩子如何保護自己，也同時培養親子關係。

　　這時代已經不需要這麼多行俠仗義的大俠，所以，習武不是要拿來逞奸除惡、除暴安良、對抗邪惡，因為這是警察的工作，肉拳還是無法打過子彈的，習武是為了培養武心，更是五心。

　　那到底是哪五心，這裡說給你聽：

　　「忍耐心、同理心、強健心、觀察心、安定心」。

忍耐心：武術練習的紀律與耐心的培養，都需要時間持續投入與體能堅持鍛鍊，這是忍耐心的培養過程。

　　同理心：武術動作大多是透過模仿來學習，而模仿本身所帶來的鏡像神經元影響，就是同理心的最有效訓練，也透過肢體互動中，體會傷害與被傷害的身體感受，更學習尊重差異與他人。

　　強健心：習武強身，是習武本身最明顯可看見的效果。小朋友學習對父母更棒的好處是，可以消耗過剩的精力，而且身體可以更健康。

　　觀察心：武術動作的模仿除了具有同理心的好處外，更可以培養觀察力，察言觀色就是從觀察他人開始，而這也是多數人花一輩子學習的功課，而習武本身就是一門捷徑。

　　安定心：情緒的發洩或是穩定浮躁的心，透過不同的武術動作都可以帶來不同的安定效果，更棒的是練武的過程搭配上音樂，對於情緒的穩定與靜心都有極大的幫助與看見。

　　以上就是習武的五心優點，更是五星級的價值保證。

　　「在家練武功，安全又健康」，我們做父母的其實不求孩子武功高強，只求他們能更加地健康長大，我想這也是這本《親子一起練功夫》被出版的價值與意義了，最後安心的與大家推薦這本好書。

現代家長們必須練的「功夫」

雜學校創辦人　蘇仰志

　　還記得認識培豪是在2015年我創辦的「不太乖教育節」，他以「唐詩功夫」這個創新的教育理念獲選入圍參展。這個嘉年華般的展覽是向全台灣徵集體制內外的非典型教育創新，認為教育的光譜應該就像每個人生而不同的多樣性一樣，應該要有更多的可能去讓更多的孩子透過不同的學習路徑發光發熱！

　　跟大多數人一樣，一開始我也覺得唐詩跟功夫到底有什麼關係？聽起來兩種古典的結合會不會很枯燥？應該又是另一個教育的噱頭吧？這樣的刻板印象在看到展覽現場熱烈的盛況後完全改觀！培豪帶著很多的父母與孩子一起透過實際肢體的運動，帶領著大家一步步進入功夫的意境，搭配他那個陽光般溫暖的魔力，將艱深的東方文字美學，透過體驗式學習融合得恰到好處。印象最深的是家長陪著孩子在過程中的笑容與專注，這正是我們這個注意力稀缺的繁忙時代最寶貴的禮物啊！

　　我常說：「我們很難用過去的思維，去教育孩子面對那個快速變化的未來。」所以我們必須用一種開放的態度，讓孩子在成長過程中體驗更多新的事物，啟發更多的感官經驗，從內在到外在去感受與世界的連結。而全球化浪潮下，加上互聯網的高速演進，其實人類的文化與精神生活已經開始扁平化，然而未來的關鍵能力卻是如何讓個體的獨特性可以展現，從自己的文化脈絡裡找到那個無可取代的價值，潛移默化的滋養與內化，才有機會再混搭出創新的可能，去應對外在急速變化的環境。這些看似沒有特別作用的人文內涵，絕對是面對未來數位與AI浪潮極其重要的

人才底蘊。這也是培豪一直以來努力不懈的價值以及這本著作很重要的時代意義。

　　談到功夫，大部分的人都會想到電影裡的打殺場景，那個正義的角色怎麼樣打敗壞人，或是一個個傳唱的武打巨星故事。但如果認真深入到歷史發展脈絡裡功夫的文化意涵，其實承載了東方文化裡豐富多元的思想哲理。功夫的發展隨著不同時代與地域分佈，融合衍生出不同的格鬥搏擊技巧與攻防策略，進一步還有武器器物的使用發展等。然而最特別的是我們獨有的氣功以及養生的思維，由此脈絡也可以看到我們文化，比起對外在的技巧與搏鬥，我們更重視內在的省視，看似無用的那些優美「套路」，其實累積了長時間以來以自立自強為目的的自我修行的特色，更薈萃了一直以來人文哲學的思想。在透過實際學習過程，我們可以透過身體的感知，去理解到每一個套路中對生理與心理平衡的關懷，動靜之間的細膩感受，這也是我們這一代活在封閉緊繃都市裡孩子很珍貴的體悟。也因為功夫薈萃了這麼多文化與思想，混搭上一樣是重要文化的唐詩竟是如此的對味！培豪的這個看似無厘頭的創舉，其實有著很深刻的連結，也無意間串連起一個新的感知體系，在內外之間找到人類一直在追尋的身心靈層次的滿足，文字透過運動更具象地體現意境的場景感，運動也透過文字與朗誦提升到另一個有趣的體驗，這一些其實都是在看似簡單行為的表象下蘊含著龐大的文化資本與啟發。

　　同樣身為一個焦慮的家長，我也常常在找尋各種適合孩子的學習途徑。我們知道找到孩子的動機讓他自己喜歡很重要，功夫作為孩子探索文化是一個很棒的介面，因為身體的律動一直是孩子認識世界最強大的工具。透過對孩子來說很酷的武學可以認識自己的身體進而到體能鍛鍊，進一步理解功夫表象下的內涵。另一部分也取代以前制式唐詩死記背誦，讓詩詞的意涵透過巧妙的課程設計，讓孩子有更深的體會。

然而這本書對每一個現代忙碌的家長來說，有著一個最重要的意義：就是有一個好的理由創造親子共學的契機，可以透過詳細的圖文跟著孩子一起輕鬆地探索與互動（我每一次在家裡跟老婆小孩練習的時候大家笑成一團，非常有趣），到哪裡都可以來一段吟詩練功，也創造了親子間無數的體驗與回憶。不僅幫助孩子達到靜心、提升專注力、體能鍛鍊、禮儀的修養，也讓家長們找到一個很棒的路徑，一起與孩子共度珍貴、高品質的親子時光！

父母就是孩子的啟蒙功夫老師

從事幼兒、兒童功夫教學多年，我心中總有一個夢想：想把美好的功夫文化傳遞給所有孩子，讓孩子們感受到功夫的好，也讓爸爸媽媽知道功夫能夠為孩子帶來許多正向的改變。

功夫改變了我的人生，使我的人生從低迷困窘逆轉為奮發積極，我相信功夫能幫助更多的孩子，引導徬徨、自卑、失去方向的孩子，透過功夫的實踐力量，找到屬於自己的方向。

全台走透透為孩子們推廣功夫的這數年下來，我看到了無數的實例，印證了許多原本畏縮的孩子，因學習功夫而變堅強、變勇敢的案例。以往內向溫吞的孩子漸漸變得開朗活潑，原本纖弱的孩子變得結實健壯，被霸凌欺負的孩子重新獲得了勇氣。父母驚訝原來毛毛躁躁的孩子竟然變得好穩重。

我是一個熱愛功夫的人，同時我也嚮往詩詞經典。對我而言，詩詞文字是中華文化之中「靜」的代表，而功夫則是「動」的文化、「活」的文化。功夫並非只侷限於攻防當中，它早就融入在我們的日常生活之中，只是我們不自覺罷了。

小朋友無意間幫我取的暱稱：「培根老師」，我一用就是十來年。或許冥冥之中就已經安排好了，我的這一生，就是要「培」育學子、向下扎「根」。雖然我現在不再是當年那個大學剛畢業、年輕充滿朝氣又稚氣未脫的功夫哥哥，但十年後的今天，我依然喜歡用「培根老師」這個稱呼來介紹自己，提醒自己莫忘初衷。

我的功夫教學，一直以來都有個遺憾。受限於時間與空間

的關係，小朋友想上課，往往卻因為時間、地點、交通而無法配合，不只一次看到孩子充滿期待的眼神，拉著媽媽的衣角說：「我想學功夫。」最後卻因為住得太遠、時間趕不過來，只能作罷放棄。

　　所以，我下定決定將自己十多年以來的教學經驗，彙整成一套有系統的教學技巧心法，就像武俠小說中的祕笈一樣，只要爸爸媽媽願意拿起來翻一翻，你就可以立刻成為孩子的功夫老師。

　　事實上，幼兒與兒童階段的功夫學習，身為父母的我們，只要依循幾個簡單的原則和步驟，就可以陪伴孩子一起感受與成長。「在家就能練功夫」的精神，就是想傳達一個觀念：「你就是孩子的啟蒙功夫老師」。

　　功夫並沒有大家想像中的那麼艱澀困難，只要使用簡單易懂的口訣與步驟，注意避免受傷的原則與掌握引導技巧，爸爸媽媽都可以快速上手，在家與孩子共同學習與體驗。

　　陪伴孩子練功夫的目標，不只是希望孩子強身健體，更重要的是在練習的過程中，能夠瞭解到孩子目前的身體狀況與能力極限，爸爸媽媽就會更清楚，什麼動作對孩子有益，可以適度讓孩子多鍛鍊，哪些招式有點難，可以先暫緩，而非囫圇吞棗一股腦全部吞下肚。而與孩子共學時，就是享受親子一起學習、一起成長的時光，爸爸媽媽同時也培養出跟孩子堅定的情誼，拉近與孩子之間的距離，和孩子的互動更加親密，更增加共通的話題。畢竟，有什麼事能比陪伴孩子成長更棒的呢？

　　「唐詩功夫」是我專門發明給幼兒的第一套完整的學習系統，彙整了各門各派的功夫技巧，依據學齡前孩童所量身訂做的幼兒功夫教材，一邊唸詩一邊打拳的創新創意設計，讓孩子在唸詩的過程中，體會到詩中的品德精神，讓孩子允文允武、文武雙全。每個功夫動作都完美地融入在詩詞情境之中，讓功夫活了起來，成為動的文化。

「親子功夫小學堂」是以最簡單的口訣、最直覺性的本能反應作為設計原則。依照年幼的孩子比較容易遭遇的欺負或霸凌狀況，用最容易瞭解的方式，帶領爸爸媽媽陪著孩子一起練習日常防身，與孩子一起磨練勇氣，養成日常習慣反應。不僅招招有效、立刻上手，這些小絕招可以從3歲一路用到13歲，變成一輩子受用的防身小技巧。

　　「動物拳法」則是模仿各種動物的姿態與特性，將大自然生物的特質與智慧，內化為日常運用的巧思。每種動物拳的單元都有不同的學習重點，讓孩子獲得全方位的良好訓練。觀察動物、認識習性、模仿特色，刺激孩子多元的好奇心與想像空間，觀察自然的同時，更懂得愛護生命。

　　如果家有大小寶，小寶有唐詩功夫、親子功夫小學堂還有動物拳法可以學，那大寶可以學什麼呢？「武諺拳」的功夫動作一定是大孩子所喜歡的類型，開展大方、既帥氣又華麗，適合正在發育的大孩子學習，不僅可以促進成長，還能讓儀態更加端正。武諺拳的每一句諺語都是一個功夫精神，搭配呼應的招式兼具強身與防身的功能，用於表演也是一大亮點。

　　培根老師由衷地希望，每位孩子都能接觸到生動有趣、充滿活力的功夫，感受功夫的美好。完成這本書，也讓我的功夫教學心法不再受到時間與空間的限制，讓身處遠方的孩子也能學到最精華的功夫。或是數十年之後，當我再也跳不動、教不了的時候，未來的孩子依然可以在父母的雙手之間、陪伴之下，在家就能學功夫。期許爸爸媽媽都能成為孩子的第一個入門老師，讓功夫的啟蒙種子可以一代一代地開枝散葉、傳承下去。

功夫起手式

　　好想趕快念唐詩練功夫、跟可愛的動物一起打拳、學到各式各樣保護自己的小絕招……先別急，在躍躍欲試之前，有許多重要的事情和觀念要先準備好喔！

　　「該如何與孩子共學呢？」親子一起練功夫的核心精神在於大手牽小手，父母成為孩子的啟蒙師父，親子攜手激發功夫的創意與活力。

　　首先，營造一個屬於孩子的習武園地，既安全又安心，在身心都放鬆的舒適情境中學習，才能全心全意地感受功夫帶來的樂趣。

　　爸爸媽媽暫時放下手邊的工作，認真投入其中，陪伴孩子摸索成長。在學功夫之前，我們帶著孩子認識最重要的「敬禮」精神，與孩子一起體會「靜坐」的意義，發掘隨之而來的修身靜心。

　　別小看二十招基本動作，這是功夫的起源，更是紮穩基礎的根本，跟著可愛口訣一起做，好記又容易上手，健康防身無往不利。

　　當環境、道具、暖身、心情、正確的基本概念統統都到位了，就是時候盡情施展拳腳囉！

如何挑選一個
適合練功夫的空間？

在這本書中，為孩子們設計的所有功夫動作，每個招式與訓練法都不侷限場地的大小，也不需要特殊的訓練教具。即使是在家裡的客廳，甚至是睡前在床上練習，小小空間也能開心地陪伴孩子練功夫。

因為對功夫而言，不論戶外還是室內，公園或是臥室，隨時隨地、任何地方都是你與孩子的練習場。雖然我們隨時隨地都可以陪伴孩子練功夫，但培根老師還是貼心叮嚀幾個小地方，希望爸爸媽媽一起注意，多一點細心，練習起來就可以更安心。

挑選平坦的空間

如果地形高低起伏或是地面凹凹凸凸，就不適合了。如果有深坑與水窪，在學習的過程中很容易因為不小心踩空或是沒有留意到高低差，而扭傷腳踝，甚至跌倒。

避免在堆積雜物的空間

如果練習的時候緊鄰桌腳或玻璃櫥櫃，孩子練習時或多或少會無法專注安心，重心不穩時也可能會碰到。所以練習之前，記得稍微挪動一下身旁的危險物品。

在戶外空間以練習站立動作為主

戶外空間要考量的因素較多，除非在十分乾淨、令人安心的草地上，否則盡量避免。因為接觸地面難免弄髒身體與衣物，更重要的是要避免碎石子或尖銳的小碎片。

在木板、磁磚地面避免穿襪子

穿襪子站在木板或磁磚地面時，很容易打滑跌倒，即使有些襪子有止滑墊，但終究沒有赤腳來得穩定，所以不妨脫掉鞋襪練習吧！

有軟墊或地毯的空間最佳

正確鋪設軟墊或地毯的空間，可以有效避免孩童滑倒，更可以讓孩子放心滾翻或是以手碰觸地面的練習動作。

可以在床上陪孩子練習倒地訓練

一般在外練習「倒地訓練」，除非有專業軟墊，否則在沒有安全機制的保護之下，容易疼動或受傷。在「床」的安全性與舒適度之下，小朋友就可以放心大膽地練習一些滾翻與倒地的動作。

2

需要準備哪些教具？

　　空手也能練功夫，這就是在家練功夫的核心精神，但如果手邊有個得力的教具，更可以事半功倍，但爸爸媽媽其實不需要特地採買非常專業的訓練器材，不妨運用我們生活周遭的小東西來陪伴孩子練習。

泡棉玩具

　　一般文具店都可以買到的「泡棉」，是一種非常適合用來陪孩子練習的好教具，不僅輕巧且不論踢打、訓練防護，爸爸媽媽在練習時如果不小心打到小孩，也不會痛或受傷。

布娃娃

　　過去流行憤怒鳥的時候，培根老師身上都會帶著憤怒鳥娃娃陪著孩子玩。家長可以挑選一個容易抓握、並且內外都沒有堅硬配件的布娃玩偶，當作是孩子攻擊防禦與訓練體能的教具。例如，「孩子，現在小鳥飛過來了。快裝成稻草人！」把鳥布偶擺在旁邊讓孩子偽裝稻草人，舉手投足就能練到功夫。

巧拼地墊

巧拼是一種十分靈巧、好活用的教具，任意組合拼湊，就能立刻讓任何地方變成絕佳的訓練場域，當然也可以作為訓練器具。當我們把單片巧拼擺在地上，就可以成為讓孩子學習規矩、穩定不亂跑的地標。同時也能變成地上的指標，要求孩子不可以超線。幾片巧拼擺在一起，就能裝作厚實的木板，來吧！一個手刀劈下來，巧拼飛滿地，小孩的開心自信也來了。

氣球

氣球方便攜帶，要用的時候隨時吹氣充飽就行。氣球可以訓練孩子拋接，強化手眼之間的協調力，蹲馬步的時候兩隻小手擺在面前，拿顆氣球放在他的手背上，保持平衡別讓氣球掉下來喔，如此一來既可以讓孩子學會穩定，也不失功夫的樂趣。

爸爸媽媽的雙手

常說雙手萬能，可真不是誇飾。爸爸媽媽攤開手掌的瞬間，你的手就變成了孩子練習出拳的「靶」，引導孩子準確地「打」到你的掌心。摸著孩子的頭與肩膀，帶孩子模擬被人碰觸的瞬間，並陪他練習掙脫的防身方法。爸爸媽媽的手，也對孩子最重要的鼓勵，為孩子調整正確的動作。最後，別忘記在用手跟孩子來一個勝利的「Give me five」，告訴孩子，你做得很棒！

訓練前後的儀式

　　體驗功夫的樂趣，我們可以陪伴孩子天天學新招，但功夫的**「敬禮」是上下課都一定堅持要做到的動作喔！因為「敬禮」是學功夫的開始，也是學功夫的結束，從禮開始、從禮結束。**這不僅是學習的正確態度，更透過「敬禮」儀式，讓孩子打從心中就準備好，尊重、快樂地迎接接下來的功夫學習。

　　「靜坐」是在上課一開始，先清除腦袋中的雜訊，靜下心好好準備接下來的練習；課程結束時再一次靜坐，則是沉澱下來，好好回想一下今天學習的內容，加深孩子對於功夫的感受與印象。

敬禮

· 敬禮，不僅為了禮儀，更是要時時提醒學習「功夫」的初衷。

· **右手握拳頭**：拳頭代表我們會因為練習功夫，擁有強壯的身體。

· **左手變手掌**：手掌靠近心，意味我們更要追求內心的強健。

手掌與拳頭合在一起，代表我們要知行合一、說到做到，身體力行自己的信念。

· **往外撐**：不只追求自己的目標，更要以幫助別人為己任。

靜坐口訣

爸爸媽媽可以隨著口訣，循序漸進、一步一步慢慢帶著孩子進入最標準的靜坐。

1.兩腳打叉叉

盤腿坐下，兩腳自然彎曲交疊。不一定要做到標準盤腿，可以依照身體狀況調整，以自然舒適為目標。若小朋友不喜歡席地而坐，也可以坐在椅子上，背部打直，不要倚靠在椅背。

2.兩手放膝蓋

兩手不需要做任何結印或手勢，只要自然地擺放在膝蓋或大腿上。

3.抬頭挺胸

讓孩子刻意把胸膛挺起來，腰椎打直。可調整孩子慣性的駝背塌腰，讓孩子時時刻刻都坐有坐相。

4.肩膀放鬆

當孩子已經挺起腰與胸膛，接下來再指引孩子慢慢地將肩膀放鬆，在脊椎打直不駝背的情況下，讓高聳的肩膀放下來。

5.頭抬起來

靜坐時，一不小心就會將頭低下看地上，所以當脊椎的姿勢已經正確了，我們輕輕引導孩子的頭往上抬，讓孩子學會操控自己頸椎的穩定度。

6.下巴收

在頸椎也保持正確的角度下，孩子的下巴往後收。從頭後腦往下畫一條直線，成為最棒的靜坐姿態。當我們引導到這一步，身體的靜坐姿勢已經調整完畢了。

7.眼睛閉起來

　　靜坐過程中,只要孩子對於空間感到安心與舒適,自然而然可以閉起眼睛。閉眼睛是希望孩子不要東張西望、分散注意力。倘若孩子不想閉眼,也不用勉強,可以循序漸進。而其實最好的靜坐目標,是所謂的「開三閉七」,簡單來說就是似閉非閉,因為完全閉上眼更容易胡思亂想,我們一起往這個目標邁進。

8.鼻子吸氣

　　引導孩子開始控制自己的呼吸,緩緩地,不要刻意,更不要刻意挪動身軀的吸口氣,吸氣過程越慢越好,沒有聲音與身體起伏才是最棒的。

9.嘴巴吐氣

　　緩緩地將氣吐出,一樣保持不要被人聽到聲音與被人察覺身體起伏。目標是控制這一呼一吸,都保持規律與舒緩。爸爸媽媽會發現,這時候小孩的心境也漸漸定下來了。

10.靜坐養心

　　以上九個步驟,逐步將孩子的身體、呼吸都調整完整,最後一個步驟就是「心」。不需要刻意要求什麼都不要想,孩子只要試著專注於呼吸的控制,漸漸的,我們就會發現奇蹟發生了。

　　孩子從一開始毛毛躁躁,逐漸可以閉眼10秒、30秒、1分鐘,甚至後來3分鐘、5分鐘。而且每次靜坐結束,由於心能保持平靜與專注,起身之後會更穩重,這就是靜坐立竿見影的效果與對孩子帶來的改變。

基本動作介紹

　　如果把學功夫比喻成寫文章，那麼「基本功」就是書寫國字的筆畫練習，一筆一畫倘若寫不好，即便能夠寫出文章，閱讀的人看到的就是歪歪斜斜、不工整的一篇鬼畫符。

　　現代人寫書法，已經不再是為了與他人通信溝通，而是透過練書法的過程中保持專注，考驗自己隨時保持正確、穩健的心境，並培養控制身體的能力。這點，與練功夫是如出一轍的道理。練習功夫時，我們之所以追求每個環節面面俱到，就是在挑戰自己，藉由對每個動作的認真與投入，除了學到攻防以外，獲得的是更重要的禮物：「態度」與「堅持」。

　　「基本功」也正如字面上的意義，是我們操作身體、熟悉身體最基本的方法。**透過基本功來認識自己，訓練出肌耐力、平衡感、柔軟度、反應力、協調性等重要的身體素質，培養出強健且卓越的體能與心智，才能夠百分之百將所有功夫精髓展現出來。**

　　「握拳」，是功夫最簡單的開端，我們循序漸進地引導啟蒙，讓孩子在接觸功夫的過程中慢慢探索，而避免在學習的一開始就感受到壓力。

　　「防禦動作」則開啟了讓孩子懂得保護自己的序幕，隨著基本步伐的練習，培養孩子的專注力以及控制身體的能力，非常有助於提升孩子的意志力。

這些能力也延伸到課業學習與面對挑戰的適應性。孩子們在功夫當中收穫到的，除了最基本的遠離暴力霸凌之外，更獲得了更多內化的寶藏。

握拳

口訣：
1.比個五
2.變成讚
3.往外翻
4.姆指蓋上面

手掌

口訣：
1.比個四
2.合起來
3.拇指放旁邊

培根老師
功夫小教室

拇指為什麼要蓋在中指上呢？如果拇指被包在其他指頭裡面，用力出拳時就容易折到而受傷喔。
家長在帶領孩子做抱拳禮時，可以鼓勵孩子大聲將口訣唸出來。

勾手

像鳥嘴巴的特別動作。

口訣：

1.鳥嘴巴呱呱呱
2.閉嘴難過頭低低

抱拳禮

這是功夫的精神，從禮儀做起。

口訣：

1.右手握拳：學功夫讓我有強壯的身體
2.左手手掌：更能讓我有個善良的心
3.雙手相碰：用心照顧自己
4.向外頂出：更要幫助別人
5.保持不動：這才是功夫的精神

抱拳預備

功夫世界的起點與句點，所有動作都從抱拳開始與結束。

口訣：

1.握緊拳頭擺腰間
2.抬頭挺胸看眼前
3.不要擺在肚子上也別放在屁股上
4.兩手手肘夾起來別變小雞揮翅膀

架掌

保護頭的基本動作。

口訣：
1.抬頭看手錶
2.屋頂不要倒

蓋掌

防禦下腹的動作。

口訣：
1.低頭看手錶
2.蓋子蓋鍋子

拍掌

被人碰觸臉部時，
可立即對應的招式。

口訣：
一手鼓掌拍拍手

親子一起練功夫

採手

單手掙開攻擊，同時採取反擊。

口訣：
1.手回中間往前切
2.手指朝內往外推
3.五指扣握像採花
4.拉回腰間好出拳

抬腳

腿部基本功的技巧。

口訣：
1.抬腳踢高高
2.膝蓋打直直
3.落地像貓咪

蹲馬步

站穩腳步，保護自己
不輕易跌倒的方法。

口訣：
1.腳尖朝前面
2.眼睛看前面
3.雙手在眼前
4.屁股坐下面

弓箭步

將壞人奮力推開,同時自
己不會跌倒的技巧。

口訣:
1.前腳彎彎
2.後腳直

獨立步

訓練單腳平衡與穩定。

口訣:
1.一手摸天一手地
2.抬起一腳看旁邊
3.膝蓋過肚臍
4.前腳壓腳尖

仆步

當身體快要失去平衡時,將
全身的重心沉坐到一隻腳
上,也就是快要跌倒前的對
應技巧。

口訣:
1.小貓蹲,踢一腳
2.拍一下,嘩啦!
3.眼睛看腳Y
4.後手,手舉高

預備勢

警戒時，採取的動作準則。

口訣：

1.走一步拍蚊子
2.一手往前保護鼻子
3.一手往內夾住肚子
4.屁股往後坐椅子

虛步

所有的重心都放在一隻腳上支撐，另一隻腳輕輕點在地上。可訓練身體控制重心掌握度，培養單腳支撐的最大肌耐力。

口訣：

1.前腳輕輕點
2.前手護著臉
3.屁股坐後面
4.鳥嘴勾一邊

歇步

這是最輕鬆的蹲低姿態動作，可訓練身體高低起伏。

口訣：

1.走一步向下蹲
2.屁股坐腳跟
3.膝蓋別碰地
4.身體挺起來

跟步

閃躲衝刺的動態步伐。

口訣：

1.開大步後腳跟

2.屁股不要坐腳跟

3.膝蓋下跪不碰地

4.能躲能跑第一名

手掌朝上

玉環步

學習身體擰轉，善用軀幹保持穩定。

口訣：

1.前腳外開後腳跪

2.兩腳打結坐上面

七星步

善用腳，採取攻勢。

口訣：

1.前腳打直翹腳尖

2.後腳彎曲坐後邊

3.一手推掌一手架

4.一閃一閃亮晶晶

5

家長Q&A

孩子學功夫會不會長不高？

■ 培根老師說 ■

爸爸媽媽往往希望孩子功課好、身體健康，甚至可以「高人一等」。

不少家長帶孩子來練功夫時，會憂心忡忡地詢問：「小朋友練功夫的時候拉筋，會不會長不高啊？」這應該是千千萬萬位爸媽共同的疑慮，因此為了讓各位家長放心，我為大家介紹「拉筋」的概念。

什麼是拉筋？拉筋其實只是「伸展運動」中的其中一個環節。拉筋的動作非常多，從大家普遍知道的「大字前趴」以外，還有手部肌肉、腰部、腹部，甚至頸部的伸展運動。

太早開始拉筋會長不高？大眾之所以會產生這類疑慮，多半是因為看了那些從小練舞或練武的明星，長大後身高卻不高才產生的擔心，但是**事實上根本不會有這種問題。正確、適度地做伸展動作，是有助於成長的！**

長高靠的不是肌肉組織，而是仰賴小朋友在「長骨」兩端的「成長板」（換句話說，就是「會不斷成長的骨頭」），成長板

會不停創造更多的骨質細胞，讓骨頭增生、變得更長，也就會牽動身高越來越高。然而，拉筋並沒有針對骨頭做伸展，又怎麼會傷害成長板呢？

根據國立清華大學體育學系林貴福教授的研究指出，每個骨骼肌的兩端都有接連骨頭的韌帶組織，當我們在做拉筋伸展時，同時也會刺激兩端的成長板，這種適度且正確的刺激就能促進成長了。

反過來，假如過度或是錯誤、過強的刺激，才會阻礙了成長。發育的主要因素，除了先天的基因外，主要的影響因素還是飲食及疾病。若歸咎於運動所致，絕對不是因為拉筋，而是過於激烈的重量訓練，也就是過度強化肌肉。

對小朋友而言，重點應該是選擇什麼樣的運動，身為教練則必須非常清楚適性訓練，針對不同年齡層的孩子指導不同程度的訓練。做主運動（如：籃球、足球）之前，先進行熱身運動與伸展運動是必要的，如此才能避免在運動過程中造成運動傷害，因為主運動造成的傷害，反而更容易影響成長發育。

功夫的學習，以完整均衡且適性為導向，每一種功夫動作，都包含了平衡、協調、速度、瞬間爆發性、敏捷反應、心肺功能等要素，而拉筋這項自然伸展只是練習中的其中一小環，當作熱身之用。

然而，各項基本功都依循自然發展，絕不會因為過度勉強身體而造成運動傷害，簡單易懂的帶領，讓孩子們感覺熟悉、快速上手。拉筋從來不會刻意對孩子施壓或拉扯小朋友的筋骨，反倒是孩子們會喜歡以拉筋來挑戰自己身體的柔軟度，訓練自己的耐力。

總之，拉筋只是伸展運動的一環，適度、正確的伸展運動，絕對有助於成長與發育，各位爸爸媽媽請放心吧！

學功夫會不會變得暴力？練功夫會不會喜歡打架？

■ 培根老師說 ■

培根老師發現，學功夫的附加價值雖然很高，但是普世價值卻對功夫有許多刻板印象：「學功夫之後小朋友會變得愛動武」、「學功夫之後會愛打架」、「沒學功夫就這麼皮了又愛欺負同學，學了功夫不就變本加厲？」

其實，每當聽到爸爸媽媽提出以上疑問與擔憂，我除了非常仔細的一一解釋以外，同時也感到很憂心。

學功夫怎麼可能會更愛打架呢？反過來應該要問小朋友：「為什麼要打架？」

當小朋友採取一些不當的「武打動作」時，大多數都肇因於「模仿」。模仿卡通漫畫的情結、模仿電影和電視劇的劇情或模仿家長、同儕的舉動所導致。

若小朋友本身就習慣欺負別人，這跟學功夫就一點關係都沒有，而是心態與教育的問題，這需要家長、老師、教育機構三方面介入輔導才能導正，絕對不是「學功夫」這單單一個因素，就得扛下一切過錯。

不論情況為何，模仿的共同點就是：「一知半解」。小朋友只看到武打動作的形式與反應，感覺很帥，急著揣摩時，卻沒有人正確的指導與引導他們，最後才演變成大人眼中的好事份子。小朋友假如懂得述說自己內心的真正想法，相信一定會大喊：「我又不知道這是不對的！」

反觀，當大人與家長見狀，只有單純的制止，卻不告訴孩子為什麼要制止，以及制止之後，孩子應該如何調適，反而會讓孩子心裡更躍躍欲試。

根據我多年的教學經驗，當小朋友犯錯時，往往不知道這些

事情是不對的，或是不知道他的武打動作會導致什麼樣的後果。總歸都是因不理解所產生的問題。應該要讓孩子了解到，這些武打動作的目的與後果，孩子便會知道這樣的行為會造成別人多大的痛楚與難過。

我們告訴孩子，這樣的行為是多麼不正確，小朋友就會慢慢懂得克制自己原本的衝動，更加內斂，因為他們經由功夫練習中知道，這些行為是不對的、不能做。正因為孩子的武打動作不正確，才需要老師來指導；就因為動作不應該，更需要專業的老師來糾正與導向正途。

當小朋友因為看電視、模仿電視劇情而玩起摔跤，這時應該從家庭教育做起，避免孩子看些不適合年齡的節目，或家長得在旁進行機會教育。

反過來，假如小朋友對功夫有了模仿與學習的心態，也意味他對這領域有興趣，倘若藉此讓他在這領域中獲得肯定與自信，讓他接受專門的功夫培訓，在老師的教導下成長，他的武打動作就會變成藝術，而不是暴力。

絕大多數的功夫老師，對於學生的品行要求嚴格，在品德、禮儀與規矩上的要求甚嚴，甚至連武打動作都會限制。在這樣的規範與訓練下，學生就會依循老師訂立的規則來學習，在正確的引領教育下，一定可以改善孩童原本喜歡刻意碰觸他人甚至暴力打架的行為。

很多小男生，一開始都是因為看了功夫卡通、功夫電影才吵著要爸媽讓他學功夫，家長拗不過小孩的要求，卻也擔心小朋友因此更加好動愛打架。但是，在功夫課程的引導及體能訓練的宣洩下，小朋友下課之後已經流了一身汗，一來根本不想多動了，二來，我總在課程中分享很多發生在你我周遭的真實故事，讓小朋友藉此知道，有時不經意、開玩笑的武打行為與動作是多麼不智，讓他們自動自發不再亂動手。

我在每堂課一開始，都會先
和孩子約法三章，明確說明
哪些動作可以做、哪些
不該做，同時我自
己本身也會遵守這
規則，讓孩子們信
服。接著，再讓孩子
了解，有些武打動作會
讓人受傷，被打到的
人會多痛、多不舒
服，假如是自己被
打怎麼辦？令人驕
傲的是，在如此
的教導下，小朋
友學了數個月功
夫，根本從來沒
有發生打架或是欺負同儕的事。

　　上課的過程中，宣導正確的道德規範讓小朋友了解與認識，我所教出來的學生，每個都是乖寶寶。同時，家長過去對功夫的誤解，也就隨著實際的教學成果而放下心中大石。

　　打架與暴力都是不對的行為，但是請相信，既然小朋友在接觸功夫之前就已調皮，代表絕對不是因為練功夫而導致，事情順序要釐清。反之，正因為學習功夫，讓學生更懂得控制自己，尊重自己，也尊重別人，這才是我們每回上課「抱拳敬禮」的基本要求——「拳頭代表強壯的身體，而手掌代表善良的心，用心照顧自己，才能照顧別人，這才是功夫的精神」！

除了保護自己之外，功夫對孩子還有什麼幫助？

■ 培根老師說 ■

一、矯正孩子在發育過程中的不良姿勢

不正確的姿勢會導致身體不協調、情緒不安定，嚴重者，甚至會對孩童的生、心理造成不良影響。透過正確的姿勢矯正，則可以端正孩子的儀態，且達到促進健康的效果。

例如，功夫動作中的「蹲馬步」，除了強化下盤，也要求抬頭挺胸，端正上半身的姿態。「獨立步」除了訓練基本平衡感之外，也要求孩子要頂天立地。

功夫不僅能帶動孩子的健康，同時也可導正孩子平日養成的錯誤姿勢，有助於孩子的成長發育。

二、功夫中，有不少模仿動物的動作，給予孩子各方面的刺激與啟發。

全世界的功夫中，只有中國的功夫擁有最多仿生拳（模仿動物）的功夫系統。模仿動物，是孩子們在日常生活當中沒有機會接觸與體驗的，藉由練習這些功夫動作，可以刺激孩童的感官。動物拳的招式有助於促進孩子各種不同的想像與身體運用。

這樣的新體會能讓他們享受探索自我身體奧妙的趣味，同時也會學著觀察大自然的一切。例如，模仿老虎的虎形拳，打得威猛有力。學習蛇形拳，則展現出攀爬與貼靠。鶴形的動作，有著鳥類特有的嘴巴外型與儀態。孩子們提高了其他領域的樂趣，增添了他們的想像力與創造空間。

三、調整呼吸，達到放鬆自我、安定身心

練習功夫的時候，會不斷強調呼吸的重要性，當然，功夫也

包含了氣功的學習。正確的呼吸法，也是一種功夫學習，因此我會加入靜坐的練習。

除了有矯正姿勢的好處之外，最重要的就是學習如何有效控制呼吸。**原本好動的孩子，藉著正確的呼吸法，逐漸安定了心神，也更加專注了。**呼吸節奏的調整是最重要的，淺而短的呼吸，對孩童身體是沒有好處的，就像跑步時，也要懂得調配呼吸。

在功夫當中，孩子們能學習、體會到深且長的呼吸，且令心情安定，靜下心來感受生命的悸動。

■ Question ■
要學多久才能保護自己？

■ 培根老師說 ■

爸爸媽媽讓孩子學習功夫，其中很大的原因是擔心孩子被欺負，或甚至已經被欺負了，進而尋求解決之道。不過每個孩子遭遇到的情況與自身背景都不盡相同，究竟要學習多久，才能保護自己呢？平心而論，並沒有標準答案。

對孩子而言，校園霸凌是最沉重的恐懼，而每個孩子曾面臨到的實際狀況不一樣，孩子本身的個性、成長背景與身體本能反應，都是我們指導時必須考量的關鍵因素，所以在培養孩子的防身機制時，需要因材施教。

有些孩子學一堂課就立刻見效，在學校遇到危機狀況立刻成功化解衝突；但也有些孩子因為個性內向、不喜歡反擊，但經過反覆練習之後，也能做到避開、閃躲衝撞。

身為陪伴者，不妨針對孩子每個階段的成長里程碑，觀察他們在校園中可能出現的處境，歸納出練習重點及對應技巧，提高孩子保護自己的成功率。

我們可以循序漸進陪伴孩子學習、賦予信任。第一步，首重培養直覺反應，讓孩子下意識保護身體重要部位、在失去平衡時，要第一時間維持重心，如此一來，當孩子真的遇到欺負的狀況當下，就能避免受到無法彌補的嚴重傷害。

接下來，不同年齡的孩子，真正需要的自保動作不同。例如，幼兒園的孩子不太可能會出現掄拳頭互毆，大多都是推擠拉扯居多，幼兒不需要學習過於複雜的應對招式，**畢竟對年幼的孩童而言，防身的意義從不在於向敵人反擊，而是訓練直覺反應、反覆練習，提高自保的可能性。**

最後才是對應的反擊技巧，對於幼兒，我們鼓勵「推開」大於用拳頭反擊。到了小學階段，則是盡量避免運用反制的防禦技巧，以免反而造成對方的傷害。畢竟我們都不希望自己的小孩變成被害人，但更不想孩子成為加害者。

功夫，是制止干戈的法門，學習功夫的孩子，要突顯的並非揮動拳頭，而是教育孩子累積自信，讓他們的心智與身體都能平安茁壯。**功夫，絕不是教育孩子以暴制暴，而是藉由練功強身，培養積極、勇敢的態度，自強不息。**

藉由學習功夫，讓孩子懂得遇到危機時的對應方法：危機前的預防、危機發生的對應與危機後的處理。

教導孩子正確的安全觀念與技巧，學功夫，是同時培養正確保護自己的觀念以及對人應有的正確態度。自然而然，學功夫後，孩子們自信卻不自滿，願意分享卻不會炫耀，遭遇問題懂得面對與解決，而不是猛揮拳頭或畏懼逃避。

孩子學功夫，不僅練出一身好本領，也練出一身好自信。當孩子有自信並積極生活，自然就不會再遭人無端欺凌。擁有自信的孩子，自然勇於與別人接觸、互動，也不需擔心因沒有社交能力而遭到同儕排擠。因此建立孩子的自信與自保能力，是在短時間之內，最容易達到遠離校園暴力與霸凌的方法。

功夫，送給孩子一個別人搶不走的防身技巧，因為最好、最快速的防身方法，就是積極並勇於面對問題。遇到問題時，教孩子正確的自保方式與反應能力。

原本擁有錯誤觀念的孩子，更可以在學習功夫的過程中，了解到正確的功夫觀念，我們運用武德、武育，將正確的觀念傳達給學生，減少孩子對於武力的錯誤展現。

▪ Question ▪
孩子本身很好動，學了會不會更好動？

▪ 培根老師說 ▪

一般人認為身體的動不需要學，但**功夫並非教孩子怎麼「動」，而是教孩子如何「不要動」，當孩子學會控制身體，便能控制自己的言行。**

我經常跟爸爸媽媽說，功夫不是教導孩子如何動，而是從頭到尾教孩子學會如何不要動。家長當下聽了有些不能理解，因為課程當中，孩子不是從頭到尾都在一直踢腿打拳、打出各種功夫招式嗎？為什麼功夫是教導孩子如何不要動呢？

功夫可貴之處在於控制自己。要動很容易，但是做到定點位置並停下來，保持穩定才是真正要學習的關鍵。學習功夫的過程，是一種修心到練體魄的全面體會，其中最重要的就是藉由學習，感受如何控制自己的身體，讓自己不要受傷；不論是來自別人，還是自己的疏忽大意。

藉由每個肢體動作，讓我們的身心都能夠安定下來，這才是真正的「功夫」。要孩子動容易，其實讓孩子能夠靜下來，才是真本領。能夠讓孩子能動能靜、動靜皆宜，更是功夫所追求的終極目標。

因此，功夫從來不是教我們怎麼動，而是先教我們如何不

動，然後學會能動能靜、動靜自如。

學習功夫，就是學習自我控制的修練過程，如果純粹只是想讓孩子動，其實非常簡單，直接帶去公園或遊樂場，孩子們就可以動一整天不喊累。因此很多家長放孩子出去跑跑跳跳，希望放完電之後回家好好睡，以為這樣就可以削弱孩子的好動習性。怎知，體能就是藉由鍛鍊而提升的，竟讓孩子的體力更充沛了。雖然玩鬧一整天讓身體累了，但心情卻依然亢奮，反而睡不著了。

動很容易，不動才是本事。孩子胡亂揮拳、踢腳太簡單了，模仿電視裡的高手比手畫腳一點都不難。但是功夫真正厲害之處，是在一瞬間果斷清楚地出拳，並打到準確的位置後，立刻定下來保持不動，這才是相當高深的能力。所以與其一味讓孩子放電，不如讓孩子自己學會如何控制用電。

爸爸媽媽帶孩子來練功夫的時候，都會發現一個令人匪夷所思的情況，孩子明明沒有一直跑跳或劇烈的體能訓練，單就站在原地蹲馬步、打拳與踢腳，為什麼下課時每個小孩都一直喊好累？

其實功夫就是不斷反覆訓練自己控制身體的力道，在最短的時間內，以最快的速度完成動作，並且立刻靜止、保持招式的結構完整。這不僅需要高度協調性、專注力與效能，腦袋也必須不斷發出各種指令，才能讓整體動作流暢、完成目標。

當孩子一動起來就動如脫兔，一靜下來便不動如山，達到如此自在的境界時，才是我們最嚮往的理想目標。然而，培根老師有一句名言最貼切，有學功夫與沒學功夫的孩子，差異在哪兒呢？那一定就是：「動的時候比別人快，不動的時候比別人帥！」

女生適合學功夫嗎？

■ 培根老師說 ■

功夫可不是男生的專利，女孩子也能打得虎虎生風。女孩的冷靜與細膩，更清楚自己為什麼而練功夫，練功夫的目的是什麼。

相較於男孩子展現的力量與體能，女孩子所施展出的穩健、敏捷，會呈現出功夫的另一種靈巧風貌。「不讓鬚眉」這句成語，往往在習武的女孩身上展露無疑，甚至女孩子的專注與認真，往往使得男生們望塵莫及。

有時候甚至會驚覺，學功夫的女孩甚至比男生還多，這是為什麼呢？現代社會看似安逸，但社會新聞中，女性被欺負的事件仍層出不窮。每個孩子都是父母的心頭肉，而女孩子又因天生身體結構、力量懸殊等的差異，以致於比較容易成為被欺負的對象。然而，大家都很清楚，女生的身體絕對不能被人輕易碰觸。

西方風行的纏鬥自衛訓練並非華人普遍能接受的防身術，因此女孩子接觸功夫遂成為一個很好的選擇。

首先，功夫的出發點即是保持平衡，不僅維持自己身體的平衡，也包括與對手之間的平衡。不輕易讓人觸碰到身體與要害、不隨意倒地與別人纏抱，這些基本防身概念，非常符合家長讓女兒學習防禦的期待。

同時，除了攻防訓練以外，功夫也注重「套路」的演練，打拳重視儀態，必須隨時抬頭挺胸、伸展手腳，因此除了練就防身技巧之外，也矯正不良姿勢，舉手投足之間展現出端正自信。也因此，女孩打拳時散發英姿颯爽，又不失陰柔之美，傳達出巾幗不讓鬚眉的神韻。

所以，女孩子其實非常適合學習功夫，不僅學會自我保護的基本方式，同時兼具肢體藝術、美姿美儀等訓練，加上功夫蘊含

特有的中華文化涵養，習武的女孩化身成女俠士，充滿自信也散發英氣風采。

■ Question ■
在家該怎麼陪孩子學功夫？

■ 培根老師說 ■

親子練功有一個非常重要的觀念，爸爸媽媽如果能夠陪伴孩子一起培養自我保護的防身默契與信任度，才能真正實現親子共學的概念。

父母可以與孩子一起學習防身的招式，在日常生活的家庭時間，就加強培養與孩子之間的默契，時常與孩子練習，才能引導孩子熟記防身的反應及口訣，真正內化為身體的基本反應。

以往對於功夫的刻板印象，不外乎是在公園、廣場練習，但我始終在強調環境的重要性，倘若要學習好的技巧，當然要身處好的環境才能相得益彰，在舒適、安全的空間學習，才能將練習的效果發揮到理想的層次。

只不過礙於時間與空間的限制，許多爸爸媽媽無法帶著孩子進入教室學功夫，所以我研究出一套親子學習法，**以父母就是孩子功夫的啟蒙師父作為出發點，打造了各種豐富、有趣的互動式功夫體驗，讓爸爸媽媽大手拉小手，引領孩子在家裡就能投入練習**。

在家練功夫，首先要準備一個安心、安全、安靜的空間。家中的客廳是不錯的選擇，但桌上不要擺放容易砸碎的玻璃器皿，地面上也不能有散落的玩具，如果地板上可以簡單鋪上軟墊就更棒了，如此一來，孩子便能在安心、安全環境中練習。

要注意，避免在過於吵雜的地方練習，因為功夫是訓練孩子專注力、培養意志集中的體會，所以千萬不要一邊看電視一邊練

功夫，倒是可以播放平靜、和緩的音樂，讓孩子的心緒都能平靜下來，才能專心一致。

爸爸媽媽只要記得，啟蒙老師的精神即是鼓勵大於責備，引發學習動機並且引導孩子願意持續主動學習，要比急於見到效果更重要。

培養親子之間的默契很重要，千萬別將自己的成見與想像強壓在孩子身上，父母的陪伴應該是輕鬆的、開導的、信任的，仔細觀察孩子的需求與現況，別侷限、忽略了孩子的本質與發展。

如果孩子一時做不到，雖然與你心中的期待產生了落差，但在陪伴的過程，我們清楚知道孩子的體能、注意力等狀況，有助於模擬衝突的應對能力與心態，就能更清楚如何為孩子安排學習的比重。

培養、加深孩子對父母的信任感，拉回與孩子之間的距離，重新拾回與孩子的互動與溝通。當孩子在學校不幸遭遇霸凌，他會知道爸爸媽媽就是他的靠山，會主動對最信任的父母說出心事、問「怎麼辦？」，因為孩子知道家裡有一個陪他一起練功夫、學防身的「老師」，就會把問題告訴你，希望你為他解答、幫他一起度過難關，而不會悶在心中、默默自己承受。這就是親子練功最珍貴的寶藏。

唐詩功夫
文武小狀元在我家

　　功夫是「活」的文化，也是「動」的文化，能夠從拳腳之間充分感受到力與美的展現，也可以在動靜之間，實際體會華文化想要表達的「陰陽哲理」與「中庸之道」。

　　而古文詩詞的意境之美往往令人陶醉其中，不論五言還是七言，短短幾個字、幾句話，就可以帶著我們穿越時空，直接感受到千年以前作者心中所想、親身所感，體會他們所經歷的悲歡喜樂，從文字中讀到、感受到充滿故事的歷史時空與深意。

　　「動」的文化與「靜」的文化，能不能有融合的可能？——「唐詩功夫」就是這個發想的解答。

　　「功夫」的肢體展現賦予詩詞生命力，在詩詞的朗誦之下，使得功夫披上了古代故事與歷史底蘊。以往只能用朗讀背誦的方法來死背學習傳統的國學，略顯乏味枯燥。但是唐詩功夫的出現，讓孩子們與爸爸媽媽發現「原來中華文化可以如此有活力，既豐富又有趣」。

　　扎根教育與翻轉教育並不會衝突，反而是一體的。唐詩功夫就是扎下所有幼兒初探國學文化的「根」，在每個孩子的心中、身上都種下一顆名叫「文化」的種子。

　　在功夫的世界當中，孩子們不僅練就了健康體魄、學到了保護自己的技巧，更在詩詞之中，體會到美德的重要，並懂得賞析文學之美。讓孩子從小就成為允文允武的小君子，在未來不論做任何事，都能展現一身典範。

元日

爆竹聲中一歲除，春風送暖入屠蘇。
千門萬戶瞳瞳日，總把新桃換舊符。

七言絕句。宋／王安石

帶孩子認識：春節新年喜氣洋洋

品格教育：觀古知今

功夫核心：少林拳

體能訓練：跳躍與小步距、大步距的動作反覆轉換，以及觀察春節
期間的鞭炮、宴會、貼春聯等情景，融入功夫組合當
中，透過揣摩、模仿，帶孩子快速認識功夫的基礎。

「元日」就是我們現在說的大年初一，講的是將近一千年前
的人到了這一天，家家戶戶在鞭炮聲中除舊布新、與家人團聚的
熱鬧情景。雖然現在已經不用爆竹、屠蘇酒、新桃換舊符，爸爸
媽媽介紹這首詩給孩子們的時候，可以解釋成放鞭炮、一起吃團
圓飯、貼春聯，聰明的孩子們或許會驚訝地發現：「哇！原來古
代人過年也跟我們一樣啊！」

一早起床，隨著太陽從東邊升起，心中充滿新的一年即將
開始的朝氣；向親戚拜年、看煙火、放鞭炮、舉杯慶祝；家家戶

戶門前貼著各式各樣的春聯和吉祥話……這些情境都成了功夫動作，招招式式都是過年的日常。

　　透過元日的故事，除了帶孩子感受新年的氛圍與環境，也可以讓孩子學著觀察生活中的細節。「處處皆學問」就是我們希望孩子從練習功夫的過程中，學到的第一個觀念。

　　將功夫融入生活經驗之中，則是讓孩子體會原來功夫就在日常生活的舉手投足間——無時沒有功夫，無處不是功夫。孩子從學習功夫的過程中逐漸認識自己的身體與能力，並開始喜歡自己、認同自己，每一次練習都在一招一式、一點一滴的進步中獲得成就感，進而相信自己能夠做得到。

　　元日是一年的開始，也是開啟我們練功夫的第一個篇章，期勉孩子們無論練功夫練了多久，都不要忘記一開始的熱忱與喜悅。

跟著拳譜起身動一動

抱拳
起始預備動作

爆竹 ① 聲中 ② 一歲除 ③

① 拳譜祕笈 開合跳
　好記口訣 砰！爆炸了

② 拳譜祕笈 鑽拳
　好記口訣 兩手串鞭炮

③ 拳譜祕笈 左右橫打
　好記口訣 一年又平安地度過

春風④送暖⑤入屠蘇⑥，千門萬戶⑦瞳瞳日⑧

④ 拳譜祕笈　撩掌
好記口訣　大風吹過來

⑤ 拳譜祕笈　雲手
好記口訣　吹入我們家

⑥ 拳譜祕笈　先人敬酒
好記口訣　家家戶戶都在喝酒
祝新年

⑦ 拳譜祕笈　馬步打三拳
好記口訣　太陽慢慢地往上爬

唐詩功夫

65

總把 ⑨ 新桃 ⑩ 換舊符 ⑪

⑧
拳譜祕笈　上架托掌

好記口訣　早上起床伸懶腰

⑨
拳譜祕笈　退步下拉

好記口訣　來到門口撕掉舊春聯

⑩
拳譜祕笈　弓步推掌

好記口訣　貼上新春聯

⑪
拳譜祕笈　抱拳禮

好記口訣　隔壁鄰居出來了，
　　　　　我們跟他也拜年

2

問劉十九

綠螘新醅酒，紅泥小火爐，
晚來天欲雪，能飲一杯無？

五言絕句。唐／白居易

帶孩子認識：期待與好朋友相聚的心情，珍惜友情。

品格教育：友情珍貴

功夫核心：長拳

體能訓練：訓練步伐之間的動作轉換，保持平衡，並加強原地左右
　　　　　擰腰轉換的動作，刺激身體協調與反應。**這套拳可讓孩
　　　　　子學習基本雙手防禦架構姿勢**，體會真正的防身功夫學
　　　　　習。

　　寒冷的冬天，一個人在家好無聊，如果這時能有朋友一起圍
著暖爐吃喝聊天，是不是一件很惬意的事？於是白居易準備好小
火爐、把酒溫熱，邀請他的好朋友劉十九到家裡來喝一杯，簡短
的詩句，傳達出他的好客與對朋友到來的期待。

　　雖然喝的不是很好的酒，喜悅的心情卻一點也沒受到影響，
俗話說：「酒逢知己千杯少，話不投機半句多」，好朋友之間相
處，能彼此交流興趣、想法是很棒的事，所以就算沒有吃豪華的

大餐、送貴重的禮物，也能聊很久而不覺得累。所以，如果身邊有這樣的知心好友，一定要好好珍惜，有他們一起成長、一起學習、一起分享，彼此互相勉勵，這樣的情誼才最難能可貴。

這首詩運用較多步伐變換的動作來表現一個人在家，為了好友的來臨做準備，**小朋友一開始腳步可能會有些不穩，這時候可不要急著做出下一個動作，以免跌倒，也別忘了平時多練習基本功，下盤才會穩固喔。**

跟著拳譜起身動一動

綠螘❶新醅❷酒❸

抱拳
起始預備動作

❶ 拳譜祕笈 打叉叉
好記口訣 打開窗簾

❷ 拳譜祕笈 弓步推掌
好記口訣 推開門

紅泥④小火爐⑤

③ 拳譜祕笈 **馬步前蓋掌**

好記口訣 坐著端好酒

④ 拳譜祕笈 **併步砸拳**

好記口訣 縮著身體抱暖爐

⑤ 拳譜祕笈 **弓步雙推掌**

好記口訣 兩手烤火來取暖

培根老師
功夫小教室

小朋友跟好朋友聚在一起玩的
時候，不可以喝酒，但是可以
用果汁乾杯喔。

晚來 ⑥ 天欲雪 ⑦，能飲 ⑧ 一杯無 ⑨

⑥ 拳譜祕笈　獨立式雙刺掌

好記口訣　站高探頭迎貴客

⑦ 拳譜祕笈　併步雙蓋掌

好記口訣　迎回家中對望看

⑧ 拳譜祕笈　開步攤掌

好記口訣　拿著杯子倒滿酒

⑨ 拳譜祕笈　弓步頂肘

好記口訣　一杯落肚喝光光

3

鹿柴

空山不見人，但聞人語響。
返景入深林，復照青苔上。

五言絕句。唐／王維

品格教育：平心靜氣

功夫核心：功夫基本拳

體能訓練：訓練馬步、弓箭步、虛步原地組合轉換，切記身體保持
穩定穩重，不要忽高忽低，培養基礎步伐穩定度。這套
拳法強調「動中有靜」的功夫境界，在打拳的過程中，
家長要提醒孩子，保持心情平靜，不要起伏與亢進，呼
吸保持平穩。這樣打起拳來，就能達到與詩詞相互呼
應、動靜皆宜的目標。

　　王維是唐代有名的田園詩人，也擅長畫山水畫。讀他的詩，
腦海彷彿自然浮現出一幅幅生動的場景，因此連宋代大文豪蘇東
坡都稱讚他的作品是：「詩中有畫，畫中有詩。」雖然鹿柴整首
詩裡沒有一個「靜」字，我們仍然能從詩中描寫的景致感受到那
種寧靜的氛圍。

　　然而，如果心不能定下來，再美的風景、再好的詩詞也無法

細細體會。安定而寧靜的心，就像靜止的湖面，能夠反映出你所想看見的風貌。這也是我希望能讓孩子透過功夫感受到的——功夫追求的目標是「動靜皆宜」。因此在練習這首詩的時候，可以引導孩子靜下心，並發揮想像力，讓高山、樹林等詩句描寫的畫面浮現在眼前。若家長有機會，不妨放下繁忙的工作，與孩子一起走向大自然細細品味，有助於孩子將眼前的景致和詩句的文字融合。

　　練習時，家長可以觀察孩子的穩定度，提醒孩子在施展拳腳與朗誦詩詞的時候，千萬不要急躁，平穩而和緩地將每個動作做好。

跟著拳譜起身動一動

空山❶不見人❷

抱拳
起始預備動作

❶ 拳譜祕笈 馬步撐掌
好記口訣 屁股坐山上

但聞 ❸ 人語響 ❹

❷ 拳譜祕笈 **左右撐掌**

好記口訣 **左右推掌摸不到**

❸ 拳譜祕笈 **弓步掛手**

好記口訣 **手摸耳朵聽**

❹ 拳譜祕笈 **弓步連環砍掌**

好記口訣 **兩手上下切聲音**

返景⑤入深林⑥

⑤ 拳譜祕笈　弓步刺掌
好記口訣　一手深入密林中

⑥ 拳譜祕笈　虛步刺掌
好記口訣　坐在石頭好休息

⑦ 拳譜祕笈　獨立步前架砍
好記口訣　站高太陽照頭上

復照 **7** 青苔上 **8**

8 拳譜祕笈 　仆步亮掌

好記口訣　差點跌倒快站穩

培根老師
功夫小教室

每次練習之後，爸爸媽媽記得帶著孩子靜坐
三至五分鐘，讓心境保持平靜，學習能力與
專注力自然而然就會大幅度
提升，也有助於孩子未來
的學習與成長。

清明

清明時節雨紛紛，路上行人欲斷魂。
借問酒家何處有？牧童遙指杏花村。

七言絕句。唐／杜牧

品格教育：培養觀察能力

功夫核心：花拳、劍術

體能訓練：**訓練腰部與腹部的肌肉**，每一個功夫動作都需充分展現力量與穩定度。開始學習步伐移動與方向的轉換，增加孩童正確的防身概念，劍訣動作能讓孩子知道劍術的基本原理與操作方法，對於接下來學習器械的課程，有基礎的認知與準備。

　　小朋友有沒有留意過春天的雨？這時候的雨不像夏天的雨來得又急又猛，而是細細的滋潤著大地正要生長的萬物；還帶著寒意，但也沒有冬天那樣伴隨著寒風的刺骨。詩人杜甫也寫了〈春夜喜雨〉讚頌在夜晚降臨的春雨：「好雨知時節，當春乃發生。隨風潛入夜，潤物細無聲。」

　　在詩句中，雨綿綿密密地下個不停，路上的行人撐著傘在雨中急忙趕路。這裡做出的「行步」，在古代是一種將腳勾起來

揚起地上的塵土以模糊敵人視線的脫逃方式，我們藉此來模仿快步行走的樣子。下雨的時候，小朋友們可以觀察路人們的神態，舉起傘、腳步揚起水花的模樣，是不是就像在這首詩裡學到的動作？

　　作者走著走著，終於遇到一個牧童，於是向他詢問哪裡有可以休息的小店，牧童回答時以食指與中指所比出的「劍訣」，又稱為「劍指」，我們在練習的時候除了有代替兵器的作用，同時也有指示方向的功能。至於作者最後有沒有找到店家，就留給孩子們自行想像了。

跟著拳譜起身動一動

清明 ❶ 時 節 ❷ 雨 紛 紛 ❸

抱拳
起始預備動作

❶ 拳譜祕笈　下撩
好記口訣　打開傘

❷ 拳譜祕笈　雙拳頂天
好記口訣　舉起來

路上④行人⑤欲斷魂⑥

③ 拳譜祕笈　虎尾腳

好記口訣　被風吹跑啦

④ 拳譜祕笈　落地勾手

好記口訣　撿起雨傘

⑤ 拳譜祕笈　撐掌

好記口訣　往前走

⑥ 拳譜祕笈　行步走

好記口訣　快步躲雨不要停

親子一起練功夫

借問 ⑦ 酒家 ⑧ 何處有 ⑨

⑦ 拳譜祕笈 **轉身砸拳**

好記口訣 看到有門敲門問

⑧ 拳譜祕笈 **再砸一拳**

好記口訣 沒有答應繼續敲

⑨ 拳譜祕笈 **雙手開**

好記口訣 兩手一攤不知道

牧童遙指杏花村⓬

🔟 拳譜祕笈　**弓步劍訣**

好記口訣　酒店在這？

⓫ 拳譜祕笈　**轉身劍訣**

好記口訣　還是在這？

> **培根老師
> 功夫小教室**
>
> 藉由詩句描述的景物與故事，爸爸媽媽能引導孩子進入詩人想表達的意境，融合功夫招式加深印象，並進而對照生活中的點滴，培養孩子對事物觀察入微的能力。

⓬ 拳譜祕笈　**虛步劍訣**

好記口訣　啊！應該是往這邊啦

回鄉偶書

少小離家老大回，鄉音無改鬢毛衰，
兒童相見不相識，笑問客從何處來？

七言絕句。唐／賀知章

帶孩子認識：把握當下，盡力做好每件事情。
品格教育：珍惜光陰
功夫核心：少林拳、太極拳
體能訓練：身體從縮小到放大，快速的轉換。**培養孩子對於攻防之間的距離判斷，同時提升爆發力**。招式的過場，結合太極拳掤手的動作作為舒緩，在快與慢之間抓到平衡。

　　〈回鄉偶書〉的作者為了工作，年輕時就去了外地，一直到他年老才回到家鄉。當他看見依舊如往昔的景色，想起自己當年離開時的模樣，對照現在鬢角都已斑白的老態；明明與家鄉的人還可以用同樣的口音對話，孩童們卻以為他是外地人，並問他從哪裡來，讓他不由得對這種熟悉又陌生的景況感慨了起來。
　　藉由功夫裡身體縮起來再展開的動作，揣摩一個人從年輕到年老的過程，平常可以引導孩子觀察家中或外面看到的長輩，外貌、行動上是不是與年輕人有所不同，教導孩子每個人都會年

老，這是人生的必經之路。年長者固然有豐富的經歷可以給分享和傳承，但隨著年紀越來越大，體力與記憶可能會漸漸不如從前，難免還是有需要幫忙的地方，我們能做的就是將心比心，尊重、協助老人家。

　　太極拳的掤手打起來舒緩且平和，就像老人家慈祥地輕撫著鬍子；一個併步採手又讓孩子變身成鄉里間追逐嬉鬧的小童，看見一個陌生的老翁，撥開他的鬍子仔細端詳，卻還是不認得他是誰。

跟著拳譜起身動一動

少小 ❶ 離家 ❷ 老大回 ❸

抱拳
起始預備動作

❶ 拳譜祕笈　點地縮身
好記口訣　小時候身體小小的

❷ 拳譜祕笈　開步獻爪
好記口訣　長大了又高又壯
　　　　　步又大

鄉音 ④ 無改 ⑤ 鬢毛衰 ⑥

③ 拳譜祕笈　弓步衝拳收
　好記口訣　出去一拳又回家

④ 拳譜祕笈　轉身護臉
　好記口訣　回家摸著臉

⑤ 拳譜祕笈　開步捋手
　好記口訣　用手順鬍子

⑥ 拳譜祕笈　跨步掤手
　好記口訣　拿好行囊回家鄉

兒童 ❼ 相見 ❽ 不相識 ❾

❼ 拳譜祕笈　左右外撥手

好記口訣　到處看看
　　　　　沒人認識我

❽ 拳譜祕笈　貓洗臉

好記口訣　把臉洗乾淨

❾ 拳譜祕笈　打虎勢

好記口訣　擺好架子認出我是誰

笑問🔟客從⓫何處來⓬

⓾ 拳譜祕笈　併步採手

　好記口訣　小朋友撥開我的長鬍子

⓫ 拳譜祕笈　立身探掌

　好記口訣　用手拍拍仔細打量

⓬ 拳譜祕笈　跳回縮身

　好記口訣　嚇！嚇到趕緊躲起來

> **培根老師
> 功夫小教室**
>
> 練習時要提醒孩子，碰到陌生人時雖然有禮貌，還是要保持警覺心，才不會受到傷害。

6

七步詩

煮豆燃豆萁，豆在釜中泣，
本是同根生，相煎何太急？

五言古詩。東漢／曹植

品格教育：孝悌親人

功夫核心：功夫基本拳

體能訓練：將七個重要的基本功夫步伐加入詩詞當中，每句都包含
　　　　　兩種步伐，唸完這首詩，同時也練完重要的功夫基本動
　　　　　作，是一套有效提升根底的好拳法。

　　〈七步詩〉乍看之下講的是怎麼煮豆子，實際上卻有一個令
人傷心的故事。三國時代的曹操有很多個兒子，曹丕非常嫉妒弟
弟曹植的才華，因此在他繼承王位之後，故意出了一個大難題給
曹植：必須在七步之內，做出一首有關「兄弟」的詩，否則就要
處罰他。

　　善於作詩的曹植，對哥哥這種不顧兄弟之情的作為感到很難
過，於是還沒走完七步，就含淚將哥哥欺負他的行為以「煮豆」
為比喻，完成了〈七步詩〉。曹丕聽完後感到很慚愧，認為自己
的確太過分，就打消了謀害弟弟的念頭。

曹植成功勸導哥哥也挽救自己的故事一傳開，他的機智與才華更是令人敬佩不已。後世也才有許多如「七步之才」、「才高八斗」等形容人很有才華的成語。

　　能擁有和諧的家庭是最幸福的事，如果兄弟姊妹之間互相傷害，不僅會破壞手足之間的情感，更讓愛自己的家人們傷心。雖然沒有哪個家庭能完全不衝突，但唯有彼此包容、了解才能夠減少對家人的傷害。

跟著拳譜起身動一動

煮豆❶燃豆萁❷

抱拳
起始預備動作

❶ 拳譜祕笈　開步馬步雙推掌
好記口訣　拿個鍋子擺中間

❷ 拳譜祕笈　轉邊採手入環打
好記口訣　低頭放柴好好煮

豆在❸釜中泣❹，本是❺同根生❻

❸ 拳譜祕笈　勾手上繞虛步站

好記口訣　掀開鍋蓋冒著煙

❹ 拳譜祕笈　單腳上提獨立步

好記口訣　豆子站起招招手

❺ 拳譜祕笈　岔步坐盤懷抱月

好記口訣　想起當年心好悶

相煎 ⑦ 何太急 ⑧

⑥ 拳譜祕笈　**兩手上下仆步踢**

　　好記口訣　腳跟踢遠長土中

⑦ 拳譜祕笈　**弓步擰轉平拳打**

　　好記口訣　何必要用力打我一拳？

⑧ 拳譜祕笈　**收腳交叉雙頂肘**

　　好記口訣　我會哭泣的
　　　　　　　一直擦眼淚

7

尋隱者不遇

松下問童子，言師採藥去，
只在此山中，雲深不知處。

五言絕句。唐／賈島

品格教育：真誠虛心

功夫核心：北拳、華拳

體能訓練：強調力量的展現，每招每式都用最大的力量，來展現功
夫的力與美。強調全身動作一致，每個動作都能展現孩
子累積出來的功力成果，並加強應對突發狀況的技巧。
例如，突然有人衝過來，該如何反制推撞的技巧？動作
開展之前，先培養良好身法。

　　去拜訪住在深山裡的隱士，走了好久卻只遇到隱士的徒
弟。他告訴作者，師父到山裡採藥，他也不知道師父在哪。讀到
這裡，孩子們可能會感到非常不可思議：「為什麼不事先約好
呢？」這是因為以前的人沒有電話也沒有網路，就算是寫信也容
易發生很多原因導致對方收不到，即使是很好的朋友，卻可能一
輩子見不了幾次面。

　　爸爸媽媽可以告訴孩子，我們現在擁有更多元、便利的聯絡

管道，如果去拜訪好朋友之前要先約好時間，以免對方不知道我們到訪而先做了其他安排。這首詩一開始做出一個拱手作揖的動作，作揖是古代表示恭敬的一種行禮方式。孩子們要記得，到別人家作客，和對方打招呼才是有禮貌的表現喔。

第三句拳頭在收回來時會形成像看手錶的動作，此時爸爸媽媽可以藉機提醒孩子守時的重要，若是貪玩忘了時間，看到手錶才發現太晚了，才急急忙忙要離開，不僅家人會擔心，還可能造成對方的困擾呢。

跟著拳譜起身動一動

抱拳
起始預備動作

松下 ① 問童子 ②

① 拳譜祕笈 雙風貫耳
好記口訣 捲起袖子

② 拳譜祕笈 兩手一搭作揖式
好記口訣 鞠躬問路

言師❸採藥去❹，只在❺此❻山中❼

❸ 拳譜祕笈　開步採手

好記口訣　採藥抓一把

❹ 拳譜祕笈　弓箭步穿掌

好記口訣　刀子割下來

❺ 拳譜祕笈　轉身二郎擔山

好記口訣　扛著扁擔

❻ 拳譜祕笈　馬步平肘

好記口訣　看手錶

雲深❽ 不❾知處❿

❼ 拳譜祕笈　**弓步拋捶**
好記口訣　發現太晚趕快跑

❽ 拳譜祕笈　**雲手併步**
好記口訣　左探右看

❾ 拳譜祕笈　**兩手打叉**
好記口訣　師父看不到

❿ 拳譜祕笈　**雙手外開**
好記口訣　我不知道

**培根老師
功夫小教室**

功夫講求「平衡」的重
要性，除了身體的平衡
之外，內心保持平衡
也是很重要的喔！所謂
「心如止水」，內心千
萬別輕易掀起波瀾，失
去了理性的判斷。

貳 唐詩功夫

8

小兒垂釣

蓬頭稚子學垂綸，側坐莓苔草映身，
路人借問遙招手，怕得魚驚不應人。

七言絕句。唐／胡令能

品格教育：冷靜有耐心

功夫核心：螳螂拳、長拳

體能訓練：預備勢與七星步，都是把重心後坐，讓身體保持隨時衝
　　　　　出的訓練步伐，動作以從上往下、由內往外的劈掌為
　　　　　主。**在練習過程中，家長盡可能教孩子動作放長，讓小
　　　　　朋友盡情開展身段。**

　　這首詩非常可愛，畫面中一個小孩在路邊學釣魚，因為玩得
太開心，連頭髮都亂七八糟的。這時有個路人遠遠地朝著他問事
情，小孩生怕魚被嚇跑，於是向路人搖了搖手，希望對方不要靠
近。故事就到這裡，小朋友們可以想想看，這小孩兒搖手的時候
是悠閒、慢條斯理，還是急急忙忙的呢？

　　當小朋友一起跟著套路的動作，想像自己也正在甩竿釣魚、
坐在石頭上等魚上鉤時，可以和孩子分享釣魚需要專注並有耐心
地等待魚兒上鉤，更必須在**遇到突發狀況時應該保持冷靜**，若是

在釣魚時大聲呼喊或太大的動作會讓魚跑光；如果詩中的小孩氣急敗壞地阻止對方和他說話，甚至還可能因此起衝突。

釣魚如此，學功夫、平常做事也是如此，剛開始練習時，孩子的動作也許沒辦法做得很標準，但即使是功夫大師也需要經過無數次耐心的反覆練習才能成就，如果因為覺得困難而不冷靜下來做好每個動作、或是胡亂拳打腳踢，不但無法進步，體力反而也白白浪費了。

跟著拳譜起身動一動

蓬頭 ❶ 稚子 ❷

抱拳
起始預備動作

❶ 拳譜祕笈　虎抱頭
好記口訣　戴起帽子

❷ 拳譜祕笈　定步對拳
好記口訣　穿好簑衣

學垂綸 ❸ ，側坐 ❹ 莓苔 ❺ 草映身 ❻

❸ 拳譜祕笈　弓步劈掌

好記口訣　甩竿來釣魚

❹ 拳譜祕笈　後坐預備勢

好記口訣　後坐石頭上

❺ 拳譜祕笈　轉身擺拳

好記口訣　拿竿換一邊

❻ 拳譜祕笈　下坐七星步

好記口訣　兩手拿魚竿

親子一起練功夫

96

路人 ❼ 借問 ❽ 遙招手 ❾

❼ 拳譜祕笈　掛手

好記口訣　聽到有喊聲

❽ 拳譜祕笈　弓步按掌

好記口訣　趕緊放下竿

❾ 拳譜祕笈　回身劈掌

好記口訣　叫他不要吵

怕得⑩魚驚⑪不應人⑫

⑩　拳譜祕笈　獨立步衝天

　　好記口訣　生氣跳起來

⑪　拳譜祕笈　金剛搗錐

　　好記口訣　噗通掉水中

⑫　拳譜祕笈　立步雙開掌

　　好記口訣　小魚跑光了

金縷衣

勸君莫惜金縷衣，勸君惜取少年時。
花開堪折直須折，莫待無花空折枝。

七言絕句。唐／杜秋娘

品格教育：珍惜光陰不蹉跎

功夫核心：螳螂拳

體能訓練：步伐邁距時大時小的平衡訓練，隨著步伐的間距變化，
　　　　　同時要維持身體的平衡。招式中有很多兩手交叉、翻擰
　　　　　的動作，**可訓練孩子的兩手協調性**，是快速相互配合反
　　　　　應的動作。

　　金縷衣是用金線織成的衣裳，對現代人而言就是各種物質
慾望，像是孩子們眼中的電玩遊戲、電視卡通等。這首詩告訴我
們「少年時」——一個人最有活力的時候——比金縷衣更值得珍
惜，因為一寸光陰一寸金，寸金卻難買寸光陰。因此脫去上衣的
動作，象徵放下了這些慾望。

　　時間看不到也摸不到，以致我們常常忽略了它的存在，會出
現「等一下再做就好了」的想法。不曉得小朋友們是否曾經為了
「原本要做卻沒做，之後就沒辦法再做」的事感到懊悔，就像是

動作裡象徵採花的「採手」，我們左抓右抓，最後卻什麼都抓不住。

作者用花朵來比喻人的歲月，少年時就像是花正盛開、最美麗的時候，很多事情在年輕力壯的時候不做，等到年紀大了心有餘而力不足，如同花謝了只留枯枝，可就後悔莫及。

跟著拳譜起身動一動

勸君①莫惜②金縷衣③

抱拳

起始預備動作

① 拳譜祕笈 提膝穿袖

好記口訣 拉好袖子

② 拳譜祕笈 開步脫衣

好記口訣 脫掉上衣

勸君④惜取⑤少年時⑥

③ 拳譜祕笈　叉步下攤掌
　好記口訣　把衣服擺在地上

④ 拳譜祕笈　起身前推掌
　好記口訣　站起拍人肩

⑤ 拳譜祕笈　提膝十字手
　好記口訣　保護好自己

⑥ 拳譜祕笈　落步砸拳
　好記口訣　敲桌來提醒

花開堪折 **7** 直須折 **8** ，莫待 **9** 無花 **10** 空折枝 **11**

7 拳譜祕笈 左右採手
好記口訣 左右手採花

8 拳譜祕笈 左右破骨手
好記口訣 手臂當斧頭

9 拳譜祕笈 立身雙手搭
好記口訣 兩手當朵花

培根老師
功夫小教室

我們施展「空折枝」
的招式俗稱「五花
手」，有如綻放的花
朵，假如時間能夠重
來，機會就在你眼
前，你是否願意勇敢
出手抓住呢？

10 拳譜祕笈 翻花點地
好記口訣 換邊翻過去

11 拳譜祕笈 五花虛步手
好記口訣 抬頭仰望時光在哪？

10

九月九日憶山東兄弟

獨在異鄉為異客，每逢佳節倍思親。
遙知兄弟登高處，遍插茱萸少一人。

七言絕句。唐／王維

品格教育：親情可貴

功夫核心：詠春拳、少林拳

體能訓練：孩子的手臂被抓住的時候，該怎麼應對呢？這時就須攻
　　　　　擊與防守的相互運用。這套拳強調組合動作的流暢與關
　　　　　鍵技巧，著重每一個招式的連貫性，可強化孩子的防身
　　　　　反應。只要動作清楚且步驟正確，就能達到最好的防身
　　　　　效果。

　　在古代，「九」是吉利的數字，又與「久」諧音，因此農曆
九月九日被稱為「重陽節」，有避邪延壽的意涵，也被當成一個
敬老祭祖的日子。到了這天，一家人通常會結伴登高踏青，喝菊
花酒、在身上佩戴茱萸花以避凶厄。

　　我們化身為一個在國外留學的年輕人，用詠春拳的攤拍打
動作來表現他念書的神態。古代的交通與聯繫都非常不方便，離
鄉背井念書、工作，可能要好幾年才能回家一趟，因此每到這個

節日，遊子們看到家家戶戶團聚，想起親人們此時或許也相偕登高，為彼此在衣襟插上茱萸，自己卻孤獨一人在外，沒辦法對遠在故鄉的父母長輩盡孝，也不知道他們是否身體健康、一切平安，就會更加感到冷清寂寞。而現在我們身處的世界一切都很便利，即使很忙、分隔兩地，還有很多方法可以與親朋好友互相聯繫，然而「遍插茱萸少一人」的惆悵與感傷，是由古到今都不會變的。

最後的圈捶是同時做出跨步與雙手環繞的動作，象徵故事中的年輕人獨自走到高處，想起自己的家人，想擁抱他們卻不在身邊。家長可以讓孩子知道，我們有家人陪著一起練功是很幸福的，要好好珍惜相聚在一起的時光，因為家人永遠是最親密的夥伴，無論遇到什麼困難，都會一同面對；無論距離多遠，心也會緊密的連在一起。

跟著拳譜起身動一動

獨在 ❶ 異鄉 ❷ 為異客 ❸

抱拳
起始預備動作

❶ 拳譜祕笈　開步預備勢
好記口訣　坐好椅子

每逢④佳節⑤倍思親⑥

② 拳譜祕笈　後手被抓貪手防

好記口訣　翻開書

③ 拳譜祕笈　換手一拍追手打

好記口訣　蓋上書本放回去

④ 拳譜祕笈　轉身上架一手探

好記口訣　回頭望家鄉

⑤ 拳譜祕笈　蛇手一轉

好記口訣　想牽起家人的手

唐詩功夫

遙知 **7** 兄弟 **8** 登高處 **9**

6 拳譜祕笈　握緊拳頭打一拳

好記口訣　一拳直接回家

7 拳譜祕笈　轉正馬步打一拳

好記口訣　來到山腳下

8 拳譜祕笈　衝拳蹬腿

好記口訣　一步一步

9 拳譜祕笈　落步換腳衝拳蹬腿

好記口訣　爬著階梯上

遍插茱萸少一人

⑩ 拳譜祕笈　開步劈掌

好記口訣　劈開山路

⑪ 拳譜祕笈　擊地捶

好記口訣　插著茱萸

⑫ 拳譜祕笈　馬步圈捶

好記口訣　搭著肩膀卻沒人

11

登樂遊原

向晚意不適，驅車登古原。
夕陽無限好，只是近黃昏。

五言絕句。唐／李商隱

品格教育：情緒管理

功夫核心：八極拳、劈掛掌

體能訓練：短距離跺腳，迅速產生最快的爆發力，運用劈掛掌的步
　　　　　伐伸展，達到放遠打長的攻防目的。要求長短兼備，彼
　　　　　此交互配合，才能達到功夫的核心精神。

　　〈登樂遊原〉的作者李商隱在一生中遇到很多困境，因此他
的作品中有一部分充滿了內心的苦悶和憂愁。這首詩的誕生就是
他描寫自己在心情不好的時候，駕車到郊外散心、透透氣，卻看
到美麗的夕陽即將隨著天色變暗而消逝，而感到惋惜。
　　在日常生活中，遇到讓自己不如意、難過的事情應該怎麼辦
呢？讓孩子明白生悶氣、大吼大叫或是動手打人，不但不能解決
問題，也沒辦法讓心情好轉，甚至還會傷害到其他人；家長可透
過這首詩的動作告訴孩子：這樣一直生氣下去是不行的，可以去
戶外走走，呼吸新鮮空氣以及看看不一樣的風景來改變心情，等

心情平復一些之後，才有能力好好面對、解決問題。

　　最後以一個「落地砸」來比擬即將落下的夕陽。夕陽再怎麼美好，但終究會隨著夜晚的來臨而落下。爸爸媽媽可以問孩子，和好朋友玩一天後要回家了、喜歡的食物吃完了的感覺是什麼，讓他們從這種感傷體會並學習珍惜內心重視、覺得美好的事物，畢竟有些事物錯過了是不會再回來的。

跟著拳譜起身動一動

向 ① 晚 ② 意不適 ③

抱拳
起始預備動作

❶ 拳譜祕笈　左跺腳砸拳
好記口訣　踩一步生氣

❷ 拳譜祕笈　右跺腳砸拳
好記口訣　換邊踱步生氣

驅車④登⑤古原⑥

③ 拳譜祕笈　**兩手打叉再打開**

好記口訣　生氣不要這樣做

④ 拳譜祕笈　**雙手直衝**

好記口訣　騎著單車

⑤ 拳譜祕笈　**墊步**

好記口訣　出門去

⑥ 拳譜祕笈　**開步雙手再直衝**

好記口訣　來到戶外踏青

夕陽 ⑦ 無限好 ⑧ ，只是 ⑨ 近黃昏 ⑩

⑦ 拳譜祕笈　兩手一開伸懶腰

好記口訣　深呼吸來個芬多精

⑧ 拳譜祕笈　仆步烏龍盤打

好記口訣　通體舒暢好開心

⑨ 拳譜祕笈　起身後跳步

好記口訣　驚覺！

⑩ 拳譜祕笈　併步落地砸

好記口訣　太陽已經下山了

早發白帝城

朝辭白帝彩雲間，千里江陵一日還；
兩岸猿聲啼不住，輕舟已過萬重山。

七言絕句。唐／李白

品格教育：積極向上的精神

功夫核心：猴型拳、七星拳

體能訓練：開展的動作是為了鍛鍊身體的各種素質，著重的練習則
是「短打」，**強化正確的攻防觀念**。唯有快速的反應，
才能夠在關鍵時期靈敏反應、保護自己。

　　許多描寫感受的唐詩都是在表達作者的難過、不開心，但
〈早發白帝城〉是李白在被流放的途中得知自己獲得了特赦而寫
下，顯現他既驚喜又輕鬆的心情。在搭船回家的路上，先前的不
安與哀傷頓時煙消雲散。就像我們心情好的時候，腳步會跟著輕
快起來；雖然距離家鄉還有千里的距離，李白卻一點也不覺得遠
呢。

　　詩裡的「猿聲」，指的是李白聽見棲息在岸邊樹林間猿猴的
叫聲，我們不妨想像成一路上會遇到的各種聲音，或許是協助、
關懷，也或許是嘲笑、指責，這些聲音都可能會影響我們的心情

和初衷，所以當猿猴啼叫時，我們要能做到不「心猿意馬」，保持沉穩來解決會讓我們感到煩惱的事情。

最後一招「踢腳」，意謂著克服阻礙後要繼續向前邁進。想將步伐跨得遠，關鍵在於能否站穩腳步、穩穩地前進，所以爸爸媽媽要提醒孩子，在練習的時候要量力而為，千萬別為了求高、求遠而失去平衡跌倒了。

跟著拳譜起身動一動

朝辭白帝❶彩雲間❷

抱拳
起始預備動作

❶ 拳譜祕笈 提肘
好記口訣 看準目標

❷ 拳譜祕笈 弓步進拳
好記口訣 一路衝

千里③江陵④一日還⑤，兩岸猿聲⑥啼不住⑦

③ 拳譜祕笈　墊步
好記口訣　向前邁步

④ 拳譜祕笈　單拍腳
好記口訣　踢開困難

⑤ 拳譜祕笈　拉弓撐掌
好記口訣　成功觸手可及

⑥ 拳譜祕笈　轉身猿猴前探掌
好記口訣　別心猿意馬

輕舟 **8** 已過 **9** 萬重山 **10**

7 拳譜祕笈 **轉正兩掌推**
好記口訣 把煩心推開

8 拳譜祕笈 **內擺裡合**
好記口訣 畫個圈

9 拳譜祕笈 **外擺擺蓮**
好記口訣 開個圓

10 拳譜祕笈 **開步站穩跨虎打**
好記口訣 站穩步伐穩向前

培根老師
功夫小教室

未來，每天都可能面臨各種挑戰，從小讓孩子養成對任何事都抱持積極、正向的態度，無論遇到什麼樣的考驗，也要想辦法排除萬難；碰到挫折與未知，難免會有不安、生氣、難過的情緒，這時保持不氣餒，想辦法克服眼前的困境，才能爭取成功的機會。

親子功夫小學堂
防身方程式

　　我一直希望孩子們從小就擁有良好的自我保護習慣與心態，更重要的是，父母就是孩子第一個也是最好的功夫老師。在學習的過程中，家長陪著孩子每天練十遍，不僅學會了一兩招安全功夫，同時從中增進親子關係與默契，成為親子之間的共同成長回憶，這也是家長開啟親子身體共學的絕佳機會。

1

預備式：
機警防身第一步

　　有人惡意逼近、形成壓迫感時，立刻兩腳一前一後站穩，舉手擋住鼻子、夾住肚子，訓練孩子養成警戒習慣。

　　好像有人要攻擊我怎麼辦？爸爸媽媽帶著孩子一起把這招學起來，機警防身第一步就靠它。

　　當小孩突然受到驚嚇，或是同學衝過來、有陌生人朝他走來，孩子當下警覺到了，但應該如何應對呢？

　　「預備式」是標準防衛式，也是最基本、正確的基礎防身常識。**發生衝突時，立刻兩腳一前一後站穩，舉手擋住鼻子、夾住肚子。**養成這個警戒習慣，無論發生什麼狀況，只要把「預備式」動作做出來，就能做到預防傷害的第一步。

　　首先，我們要教導孩子無論遇到狀況，絕對不要兩腳定在原地，尤其是直挺挺的「立正站姿」最危險，容易失去平衡被推倒，身體容易被打到，要逃跑時也容易站不穩而跌倒。當我們正在警戒的時候，必須保持兩腳一前一後的前後站姿。

　　前後站的好處是，當遭到推擠、衝撞的時候，可以站得比較穩，想逃離現場的時候，也較能迅速順利轉身、加速逃跑。

　　接下來，預備式務必要養成雙手舉起在軀幹正前方的習慣（臉/頸前、腹/胸前），保護自己的脆弱要害。

只要不將雙手放下，就有更大的機會抵擋對方來襲的手或身體接觸，並避免要害被直接傷害。

❶
走一步
一腳前、一腳後

❷
拍蚊子
兩手舉起在前方

保護臉、頸部

3
一手保護鼻子
一手保護臉部與頸部

4
一手夾著肚子
一手擋住腹部與胸部

保護腹部與胸部

打叉叉：
保護臉、胸口

　　被觸碰胸口、臉部騷擾時的上半身防禦。妥善保護胸部、肩膀、臉、頭髮，適用於肚臍以上的防衛技巧。

　　小朋友想要保護臉、胸口不要被人碰到，要怎麼撥開討人厭的騷擾呢？

　　「打叉叉」可以做到上半身防禦，保護胸部、肩膀、臉、頭髮，是肚臍以上的防身小絕招。這個動作概念非常簡單，小孩子天生都有把碰觸他的東西「撥開」的本能，順著這個本能，教孩子兩手一起往外撥，就能有效保護好自己的胸部與臉部。

　　只要孩子有了正確的反應及觀念，「打叉叉」這招讓孩子從三歲用到十三歲都綽綽有餘，爸爸媽媽在家裡可輕鬆陪伴孩子一起練習。家長們也應該要有這樣自我保護的習慣喔！

舉高往外撥

① 肚子前面打叉叉

② 兩手黏住舉高高

③ 用力打開伸懶腰

3

小心！：
被衝撞時，避免跌倒

被衝撞時，立刻蹲馬步讓下盤穩定、站穩腳步，避免跌倒受傷、減少傷害。

「小心」這個動作主要是練習蹲馬步，訓練下盤穩定、站穩腳步，避免跌倒受傷、減少傷害。「小心」這個動作概念非常重要，目的是**培養孩子的下盤沉穩與直覺反應。當孩子站不穩，或是有人（東西）往他身上撞的時候，第一個反應動作不再是愣住發呆，而是立刻將身子往下蹲，站穩腳步，甚至達到閃避的效果。**

為人父母都知道，小孩在外面與別人拳打腳踢而受傷的機會其實並不多，但最容易受傷的情況，往往是站不穩跌到而造成膝蓋、手肘甚至頭部的擦傷與挫傷。「小心」就是從功夫蹲馬步的概念延伸來的防身技巧。孩子學會了正確的防身技巧，因跌倒而受傷的機率會開始減少！

孩子在學完這招之後，家長就會有一個小小抱怨：他想要處罰小孩、捏孩子臉或搓揉頭髮時，小孩子竟然立刻蹲下來就閃開攻擊了。

有東西飛撞來時

① 腳尖朝前面

② 眼睛看前面

立刻下蹲

③ 雙手在眼前

④ 屁股坐下面

躲過攻擊了

培根老師
功夫小教室

記得喔！所謂的「防身」應該建立在：如
何減少傷害，並且爭取全身而退。這樣的
目標才是正確的，而非為了制服別人。

4

稻草人：
下半身防禦

被踢、被踹時的下半身防禦,腰部以下防身。被踢時保持平衡,保護脆弱部位。

小孩被同學踢或踹怎麼辦?有一個非常重要的防身動作叫做「稻草人」,專門針對下半身防禦,腰部以下防身,小孩子被踢到的時候可以保持平衡,保護脆弱部位。

「稻草人」的防禦目的在於,當有人企圖踢你脆弱的下半身,此時立即反應就是「抬腳」變成「盾牌」,擋下對方的攻擊動作。人的本能都會下意識保護自己脆弱的地方,但是絕大部分人的反應都是反射性把手伸出去,做出消極的抵擋動作,這往往反而會造成手指與手腕受傷。

因此,要養成正確的防衛反應,當有人攻擊你的腳,立刻「抬腳」,將膝

抬腳變成盾牌

抬腳，膝蓋高於肚臍，同時擋住下體。

用小腿去抵擋攻擊

蓋抬高到肚臍以上，並夾住襠部，就是一個非常好的自我保護技巧。

要特別注意的是，一定要記得把**膝蓋抬高、超過肚臍，用小腿部位去抵擋攻擊**。這樣一來，即便被踢到，彎曲的腿部能夠有充份的緩衝，不會直接對關節與軟組織造成衝擊。

抬起的腳，正面遮住下體要害，也能充分保護另外一隻支撐腳，絕對不能變成「狗狗灑尿」的姿勢（腳往外開）喔！

單腳站立的訓練，還可以提升小朋友的平衡感與對於自己身體的控制能力。抬高膝蓋時，同時強化了核心肌群，是一舉數得的訓練。

「稻草人」的防禦動作，可以與前面章節的「小心」（蹲馬步）相互搭配組合練習，讓孩子學會單腳平衡與兩腳踏穩的轉換和反應。

培根老師
功夫小教室

「稻草人」＋「小心」，可讓身體養成重心轉換的習慣與反應，可以改善小朋友容易跌倒的情況。

走開啦：
爭取離開的機會

　　有人出手挑釁，弓箭步維持下盤雙腳的平衡穩定，運用雙手往前推，盡力拉大與對方之間的距離，爭取離開的機會。

　　當孩子遇到有人挑釁時，爸爸媽媽可以教孩子用「走開啦」來反應。

　　前面我們已經學過防衛的「預備式」，讓孩子養成遇到狀況時，首要做到警戒慣性動作，做好保護自己的第一步防禦機制。

①
前腳彎彎、後腳直
站穩弓箭步好施力

②
兩手打直、推出去
雙手直推才有力

當有人刻意逼近，對孩子形成恐懼或壓迫感，甚至造成心理不舒服時，我們可以教孩子勇敢往前邁一步，只要記住這句口訣，「前腳彎彎後腳直！雙手打直推出去」，就可以輕鬆做到這個招式。

這招是要讓孩子了解一個非常重要的概念：「**我的身體有自主權，不要隨便靠近我，更不能輕易碰觸我，如果有人侵犯到我的身體，我會理所當然的推開你。**」

當小孩子之間出現衝突時，我們首要希望孩子保護自己、擺脫對方的糾纏，但孩子卻往往因為想推開對方，結果自己卻失去平衡站不穩、向前摔倒。

重心失衡是因為小孩不懂正確的方法，而「走開啦」的防衛技巧，**用弓箭步維持下盤雙腳的平衡穩定，運用雙手往前推，盡力拉大與對方之間的距離。**

雙手用力
往前推

弓箭步維持平衡

培根老師
功夫小教室

請注意，「走開啦」這個招式與前面分享的防禦招式不同。「走開啦」是化被動防衛為主動反制，為了防禦而把對方推開，有可能會造成對方跌坐或跌倒。所以這是當對方明顯露出惡意，不得已而為之的招式；主要目的是為了推開過於逼近自己的人，爭取離開現場的機會。

6

親手肘：
被呼巴掌時的自保動作

　　被呼巴掌時的自保動作，透過手臂來保護脆弱的頭部、頸動脈及後腦，同時防止臉部的眼、鼻、耳、口的受創。

　　孩子被人往臉上「呼巴掌」怎麼辦？

　　學校偶有小霸王喜歡突然賞同學耳光、或有小孩會慣性粗暴揮拳搡別人的臉，面對這樣的惡意攻擊，孩子該怎麼保護自己呢？

　　首先我們要讓孩子了解，不要成為別人不可理喻之下的出氣包，明明挨打了還試圖跟對方講道理。讓孩子知道，懂得勇敢保護自己、護衛身體，才能有進一步後續處置的能力。

　　站在專業的防身指導立場，依據幼童的普遍反應，當孩子被打巴掌或攻擊頭部時，依據幼童的普遍反應，孩子的雙手往外亂揮，但這是無濟於事的，因為漏洞百出，對方的拳頭有極大的機會直接搡到孩子的臉上，因此教小孩當下立

刻把手臂舉起抱住頭、準備防禦，減少直擊傷害。

　　我發現孩子們學會這招之後，當有人要攻擊他們臉部的時候，孩子會自然反應抱頭護臉，防身效益非常有感。其實這招不僅小孩受用，家長們也可以把這個防衛概念記下來。我由衷希望大家都不要遇到這種突發狀況，但學起來就是受用一輩子的自我保護機制。

　　「親手肘」這招俗稱「虎抱頭」，也就是**將頭抱起來防衛**。目標是希望孩子在自我防禦時，養成務必**把臉貼緊手臂**的習慣動作，如此一來受到攻擊時就能及時反應透過手臂保護脆弱的臉部、頸動脈及後腦。

① **手抱頭**
把手擺在頭上，最好擺在後腦頸上

② **親手肘**
手夾緊，讓手臂貼在臉上當緩衝

手擺在後腦頸

手夾緊，手臂貼在臉上

培根老師
功夫小教室

為什麼臉必須貼緊手臂呢？
因為當手臂跟臉部產生了距離，臉部沒有手臂的緩衝保護之下，就有極大的風險被對方打到臉部的要害，像是眼、鼻、耳、嘴（連帶咬到舌頭或撞到牙齒）。

7

恭喜發財：
被掐脖子、抓衣領的掙脫動作

被掐住脖子或抓領子時，運用槓桿原理，雙手交握、用力往下壓，對方會立刻感到疼痛而鬆手。

孩子被掐脖子、抓衣領怎麼辦？很簡單，爸爸媽媽只要教孩子們祝對方「恭喜發財」就可以掙脫了。小孩在學校被抓臉、推

❶ 恭喜
兩手交握在一起

❷ 發財
雙手用力向下壓

擠，甚至被粗魯的同學以「掐脖子」的動作霸凌，該怎麼脫困？
最簡易快速的掙脫招式就是這招「恭喜發財」，反應快、好上
手。

兩手交握，用力向下壓

掙脫了！

被人抓住衣領欺負，或是被用力掐脖子時，當對方的手勁非常大，在這種情況下，若只單純抓扯對方手臂做抵抗，施力點不對，根本沒辦法有效掙脫。「恭喜發財」便是運用槓桿原理來掙脫束縛。

只要記住以下簡單三步驟：首先，**兩手交握在一起**。像拜年一樣，這個動作能夠讓力量集中在雙手交握處，就是團結力量大的概念。

再來，雙手用力向下壓。像拜年手勢，彎腰拜年的效果更大，會讓對方的手臂因為快速重力下墜而感到疼痛，勢必得立刻脫手，才能舒緩痛楚。這個時候，倘若霸凌者持續把手勒或撐在你的脖子或衣領上，對他而言完全沒有任何好處，他越用力就會越痛，此時會造成他的手骨及關節劇烈疼痛，對方如果執意僵持不下就會受傷。

培根老師
功夫小教室

有家長問過我，這個反制的動作會造成霸凌者受傷嗎？所以要提醒爸爸媽媽們注意，「恭喜發財」這個反制動作較為激烈，雖以即時掙脫束縛為目的，但如果對方堅持不鬆手，可能會造成對方疼痛甚至關節受傷。

因此我們在讓小朋友學習這招時，一定要清楚告訴孩子，這個動作的相對危險性，絕對嚴禁嬉鬧，嚴禁故意要求同學假裝壞人來施展，以免造成不必要的傷害與困擾。

讓孩子們清楚知道，防身以保護自己不受傷為最高原則，並非為了打倒別人。遇到糾紛時，我們要以良性溝通為前提，不到必要危急關頭，不隨意出手。

參
親子功夫小學堂

肩膀痛：
背後襲擊的脫困法

小孩在學校遭到從背後襲來的霸凌攻擊或惡意玩笑，像是被人從背後掐脖子、或抓住肩膀，該怎麼脫困呢？這時就可以運用「恭喜發財」進階版的防禦招式「肩膀痛」。

遇到背後攻擊時，孩子本身已是處於非常不利的狀態，年幼的小朋友當下能快速反應的技巧並不多，因此平時就必須培養迅速的應變能力。

我希望讓孩子有效擺脫困境，同時也不造成對方傷害為最大原則之下，設計了這招「肩膀痛」，家長可以在家陪著孩子一起來練習防制霸凌。

「肩膀痛」招式的要訣是，當我們被人**從後方勒住脖子或抓肩膀時，利用手肘與手臂作為施力點，教孩子用力往後揮，對方會立刻感受到手部疼痛，並同時因劇烈的衝撞而鬆手。**

> ### 培根老師
> ### 功夫小教室
> 當肩膀痠痛的時候我們會怎麼做呢？是不是會一手扶著痠痛的肩部，然後順勢轉轉痠痛的那隻手臂，就可以獲得舒緩。這就是最基礎的反射動作，這個原理簡單好理解，孩子可以立刻融會貫通。

壓住攻擊的手

1 肩膀痛

肩膀或脖子被抓住，第一時間用手拍壓、固定住對方的手，先制止對方進一步的動作。

2 敬禮

將自己的手肘抬高，手臂彎曲。

小提點：因手臂打直不好施力，所以做「舉手敬禮」的動作，這樣才能提高下一個動作的成功率。

身體向後轉

蹲馬步保持
平衡

3 向後轉

保持敬禮與壓肩膀的動作，將整個身體直接向後面轉。運用自己的手臂，壓迫攻擊者的手腕與手肘關節，對方就會因為感到疼痛而脫手了。

小提點：當我們要反制來自後方的攻擊時，容易重心不穩，所以一定要先蹲馬步將重心壓低。

大魚上鉤囉：
雙手被抓住的掙脫法

小孩如果被抓住手，雙方拉扯僵持不下，要怎麼掙脫？只要運用非常簡單的「槓桿原理」和「瞬間加速度」就可掙脫了。

小孩在學校被小霸王抓住手，小手都已經被捏到紅腫、黑青了，卻怎麼甩都甩不掉，該怎麼辦？要擺脫手部的束縛糾纏，其實家長只要教孩子運用非常簡單的「槓桿原理」和「瞬間加速度」來掙脫，無論對方多高大，「大魚上鉤囉」都有效。

由於孩子的年紀小，不太可能施展複雜的擒拿術，「大魚上鉤囉」這個招式就是針對兒童人體結構，教導孩子做出最簡單的槓桿反應。

培根老師
功夫小教室

「大魚上鉤囉」乍看之下很簡單，卻非常有效。家長記得告訴孩子，動作一定要快，只要兩手抓穩了，就立刻大力往上拉、往後扯。利用瞬間的衝力，讓對方的手自然被迫鬆開，達到保護自己的目的。爸爸媽媽在家可以常常跟小朋友一起練習反應能力，很容易就學會這個簡單有趣又實用的防身技巧。

1

大魚

請孩子想像他被人抓住的那隻手是一支「釣魚竿」，再用另外一隻自由的手，用力握住魚竿。

被抓住了怎麼辦？

握住魚竿

雙手用力往後甩，掙脫囉！

2

上鉤囉！

兩手團結力量大，雙手用力往後甩上去，把魚鉤起來。

這麼一來，對方的手就會受到突如其來的衝力，立刻被甩開！

 親子功夫小小學堂

137

護身倒法：
跌倒時保護手肘、膝蓋不受傷

跌倒的時候，要怎麼避免手肘、膝蓋，甚至臉直接撞擊地面而挫傷、擦傷？

跌倒，其實是造成小孩日常傷害的第一名主因，在玩耍嬉鬧的過程中，自己不慎或同伴之間推擠拉扯造成仆跌。跌倒時，大家下意識都會用手掌撐地，或雙膝直接跪地，這些錯誤的反應往往會造成手肘或膝蓋關節挫傷、擦傷，甚至骨折等嚴重後果；假如摔倒時臉部直接撞擊地面，傷疤的修復更需要長期照護，孩子的心理也可能受創。

其實只要教孩子培養正確的跌倒反應動作，就能將傷害降到最低。「護身倒法」是跌倒救命的好技巧，也是中華武術文化中傳承已久的訣竅，只要記住四個要訣，就能養成好習慣。

❶

低頭

快跌倒時,立刻低頭讓自己眼看腹部,能有效避免臉部與頸椎受到撞擊傷害。

❷

抱首

兩手立刻彎曲,手掌護住後腦,手臂夾緊臉部。讓手臂代替頭部承受衝撞,此時雙手也就「不會」騰空往下撐地。

❸

收腹

腹部收縮,讓身體捲曲像一顆球,避免胸腔、腹部等器官直接受到撞擊傷害。

身體維持球體

❹

圈腿

兩腳彎曲,連貫以上動作,讓身體捲成一顆球。用腿部抵擋衝擊,避免膝蓋關節撞碰地面。

參 親子功夫小學堂

培根老師
功夫小教室

Q1：把「護身倒法」做好，跌倒就不會受傷了嗎？

A1：將這四個動作做好，能夠讓孩子在不幸跌倒的那一刻，快速讓身體化為一顆球，減少衝擊要害，並排除發生嚴重傷害的後果；如關節挫傷、骨折等，但些微擦傷或破皮還是可能發生，並非能夠讓孩子摔倒時完全毫髮無傷。

Q2：跟孩子練習「護身倒法」的時候該注意什麼？

A2：護身倒法是要讓孩子練習正確的跌倒方式，所以家長要幫助孩子輕輕的「跌倒」。一開始練習的時候，孩子可能會因為緊張害怕而把手腳放開，無法順利變成一顆球，但這都只是過渡時期，在互動的過程中，爸爸媽媽會逐漸與孩子培養出默契與信任感。

一開始不要在硬地板上練習，可以在沙發或床墊上，讓孩子在安心的環境練習，他們會在反覆練習中養成慣性，在快跌倒時，立刻變成一顆球。

Q3：快要跌倒時，真的來得及做到護身倒法嗎？

A3：培根老師在國中時期還不知道「護身倒法」的觀念，跌倒時直覺反應就是用手撐地，結果因撞擊過大而導致手部骨折。後來學會這個技巧後，在一次車禍中被汽車撞飛，落地的時候使出護身倒法，竟然毫髮無傷。所以只要練成習慣，危急時刻確實可以完整施展出來。所以爸爸媽媽也可以跟著孩子們一起練習喔。

攤、拍、打，掙脫術三部曲

　　被人抓住手腕想要掙脫時，只要用攤手、拍手與推掌（出拳）擊打的三部曲，簡單好上手。

　　被人抓住手腕的掙脫法有很多，大多數的方法都是運用「擰轉關節」，造成對方疼痛而脫手。不過這個掙脫法的前提是，必須要正確、精準地擰出角度才能達到效果，同時要考量對方是否根本不怕關節擰轉的疼痛。如果對方並不打算一直讓你嘗試擰他的手，當然也會使盡全力反制你。這時候如果你的力量不足，就很容易被反折回來。

　　所以，當這種狀況發生時，「詠春拳」的一套簡單手法就非常好用了。只要謹記，被抓的那隻手立刻「翻書」，另外一手用力「拍打」，最後是否要給對方「迎頭痛擊」，就依照當下的情況來自行評估。

　　「翻拍打」分別代表了攤手、拍手與推掌（出拳）擊打的三部曲。切記！這三個動作必須「連續」在「瞬間」做完，機會通常只有一次，倘若猶豫不決讓對方察覺你意圖反擊的方式，成功率將會大幅降低。

①
翻（攤手）
被抓住的那隻手，想像你要
翻起攤在眼前的一本書。

②
拍（拍手）
此時利用另外一隻手，手掌用力
往內拍，將對方的手撐開。

③
打（推掌）
當對方的手已經被撐開了，這時
順勢用已經掙脫的那隻手，奮力
地朝對方的臉部出手一擊。

手被捉住了！

培根老師
功夫小教室

「打」的力道建議依照實際被欺
負的嚴重程度而定。如果對方只
是孩童之間的惡作劇，可用手掌
的掌底推擊，或以掌背朝他臉上
甩，達到嚇阻效果即可。
如果對方的舉止已是非禮，即握
拳捶敲對方的鼻子或眼睛，趁對
方因疼痛縮手後退之際，自己要
趕快爭取時間逃離現場。

用自由的手推開對方。

回擊

轉身快跑。

參 親子功夫小學堂

143

12

金雞獨立：
反制不禮貌的摟抱、搭肩

這招無論大小朋友、媽媽們都要學起來，如果有人輕浮的想擁抱或摟抓你、或沒禮貌地搭你的肩膀，甚至企圖掐你的脖子，這招反制的成功率可說近乎百分之百。

被色狼強行擁抱怎麼辦？如果遇到男性從正面對你做出不禮貌的動作：摟抱、抓肩、掐頸等，請立刻用「金雞獨立」制止他！只要是看過功夫電影的人一定對這個動作不陌生，「單腳獨立」＋「雙手展翅」的金雞獨立，雖然動作看似滑稽，但卻非常實用喔！這招就是為了對付、掙脫對方的擒抱的絕佳方法。

「金雞獨立」這個動作其實危險度非常高，因為它是運用雙手交叉產生的合力，在對方與你的身軀之間撐開一點小空間，隨即而來的就是利用你的手掌與手指，撐打對方的下巴與眼睛、造成疼痛，這時對方的身體就會下意識的往後仰。

此時必須隨即兩手往兩側撥開，用鳥翅膀的動作將對方兩手架開，下一個重點動作，瞬間一個「提膝蓋」，就會正中對方的重要部位。

因此，「金雞獨立」並不似招式表面上看似好玩有趣，其實徹頭徹尾是一招簡單好上手的女子防身技巧，非常推薦大人也要學起來。

家長要提醒小朋友，除了在緊急狀況之下，千萬切記不能隨意對別人施展，避免在嬉鬧之中造成無法彌補的傷害。

❶

兩手交叉前撐

兩手向前撐，挪出一點點小空間，讓雙手接下來有機會從中間往上穿。

❷

雙手往上撐

兩手往上，利用手掌托向對方的下巴，造成對方疼痛、上半身往後仰。

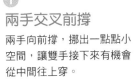

③

手指往外撥

用手指模仿「鳥翅膀」，用手指往對方的
眼睛「撥劃」下去，對方就會因眼睛疼痛
而自然脫手。此時，兩手往左右打開，撥
開對方的兩手，挪出更大的空間。

④

提膝上撞

趁對方眼睛疼痛、身體往後仰的瞬
間（此時對方已把注意力放在自己
的臉部疼痛），站穩腳步直接就往
上「提膝」！擊中對方下體弱點的
命中率非常高！

⑤

彈踢補一腳

如果對方真的反應很快就立刻把下
半身往後縮，提膝無法撞到他，那
就直接順勢往前一踢，命中率也非
常高。

> ### 培根老師
> ### 功夫小教室
>
> 家長務必常常和孩子練習，當真的遇到
> 狀況的時候，才能下意識施展出來。
> 同時提醒孩子，所有防身動作，都是在
> 不得不的情況下，做出關鍵自保動作，
> 每個人遭遇的突發狀況不盡相同，我們
> 日常必須重視「規避危險的發生」，這
> 比「制伏眼前的歹徒」來得重要。

6

趕緊離開

切記，踹到對方之後，千萬不要停頓在現場，抓到機會趕緊逃離現場，才是真正保護自己的最高原則。

小提點：由於這招太過兇狠，傷害性也高，因此在練習時請注意動作不要急躁，緩緩地做，達到練習目的就可收手，以免太用力真的傷到陪伴練習的親友。

動物拳

認識自己的身體，強健體魄

　　電影「功夫熊貓」燃起小朋友的功夫夢，動物的肢體展現充滿了活力，我將功夫文化融入其中，帶領孩子探索武林的祕密，重新詮釋功夫文創的動態美學。

　　當孩子們處於一個觀察力與想像力十足的成長階段，正適合學習模擬動物攻防的趣味概念。動物拳法融合了中華武術各門各派的武學特色精華，同時融合各種動物的防禦與強身的智慧，呈現虎、鶴、螳螂、蛇與猴。每一種動物拳法，都充滿視覺藝術，在舉手投足間，傳承、薰陶中華文化。

威猛的虎拳（初階）

展現勇氣與力量，提升身體素質與肌耐力。

　　虎拳重視練習力量，因此用喊聲帶動。虎拳是動物拳的第一套拳法，虎拳每個招式都乾脆俐落，會運用到許多馬步、弓箭步等穩定動作，**可讓孩子強化下盤，手爪張開可加強握力**，家長可帶領孩子多揮動手臂，來強化整體力量強化。

第一招：
猛虎下山
兩腳一跨成虎步，
雙手向前虎下山。

第二招：
黑虎偷心
轉腰抬手虎蓄勢，黑虎一推摧心掌。

第三招：
惡虎擒狼
前手下蓋擋攻擊，
後手上擒降豺狼。

第四招：
懶虎伸腰
前腳虛點後腳實，
懶腰一伸敵難防。

第五招：
餓虎撲羊
大步向前順步掌，
一招打出無人擋。

第六招：
抱虎歸山
偏身順力劃一圈，以退為進真虎拳。

培根老師
功夫小教室

虎拳，強調各種步伐的穩健，有如穩重的老
虎邁步一般不輕易晃動。孩子可以透過虎
拳，學習老虎的威猛，感受到學習
功夫對身體的變化，快速鍛鍊
出力量。爸爸媽媽在短時間
內，即可發現孩子身體的
穩健度提升了。

2

優雅的鶴拳（初階）

伸展身體、端正不良姿態

鶴拳是模仿鶴的姿態，捕食、休息、求偶跳舞等動作編排而成。我們將手臂張開，伸展到最遠；就像鶴飛翔時的開展動作，姿態開闊又漂亮。

鶴拳能夠養成孩子動作開展的習慣，每個動作都要抬頭挺胸，將姿態拉長。對於矯正孩子彎腰駝背、畏縮的動作都有很大的幫助。

> **培根老師
> 功夫小教室**
>
> 鶴拳可讓孩子學習手腳的伸展，姿態保持挺拔，展現武術特有的肢體美感。家長要注意孩子的動作端正確實，身段的延伸將有助於孩子維持正確的姿勢並且有益成長。

第一招：
白鶴亮翅
兩腳交叉手展翅，
白鶴亮翅側身擊。

輕輕放下

用力上踢

第二招：
舞鶴飛踢
後腳用力往上踢，
高高踢起輕輕放。

第三招：
鶴立雞群
兩手交叉往前擋，
開手提膝補一腳。

第四招：
丹鶴朝陽
邁步一橫手展翼，
渾身帶勁好朝氣。

第五招：
祥鶴獻瑞
撥手下勾看似狠，
避實擊虛才高招。

第六招：
仙鶴抖翎
雙手畫圓上下開，
抖彈發力全身勁。

3

柔美的蛇拳（中階）

提高警戒，隨時面對任何挑戰！

　　蛇拳的手形像極了蛇的頭，藉由模仿蛇的動作外型，可讓孩子充分伸展自己的肢體。蛇拳的步伐，採用倒叉步、歇步、仆步、獨立步的動作，模仿蛇攀爬樹枝、盤繞在地上，提醒孩子保持警戒。

第一招：
靈蛇出洞
兩蛇盤據從下起，靈蛇抬頭難捉摸。

第二招：
白蛇吐信
打蛇隨棍往前滑，連環刺掌左右穿。

第三招：
大蟒纏身
鑽掌纏身後手壓，上翻下撞蟒蛇夾。

肆

動物拳：認識自己的身體，強健體魄

第四招：
蛇身下勢
一蓋一穿最為要，捨身仆步無所藏。

第五招：
青蛇探路
雙腳一盤歇步坐，青蛇昂首好精神。

第六招：
撥草尋蛇
蛇手探陰又奪目，趁勢順力真功夫。

培根老師
功夫小教室

蛇拳的重點是動作順暢不間斷，培養正確的出拳
節奏，所謂力斷意不斷，讓每招
動作一氣呵成，同時鍛鍊身
體上下位移的變換，讓動作
更加完整。

敏捷的螳螂拳（中階）

訓練動態視力與靈活的反應能力。

螳螂拳主要在訓練兩手連環出拳，模仿螳螂快速揮動前肢的架勢。除了培養孩童的左右手協調與反應之外，同時也可增強小朋友的動態視力！垂直竄跳與蹲低的動作，有助於**強化孩童下肢的肌肉及穩定度**。

第一招：
螳螂捕蟬
螳螂起手代表作，一招三勢經典招。

第二招：
螳臂擋車（三架打）
上步打完退步打，左右架打最難防。

第三招：
巨螳翻車（三翻捶）
連環翻捶往下砸，轆轤翻車摔且拿。

第四招：
螳螂快手（三連拳）
連環三拳最務實，快手連打要準確。

第五招：
地螳切腿（三連腿）
內掛切腿低掃腿，旋轉一圈別跌倒。

第六招：
飛螳撲雀
下走七星上天分，反撲黃雀小剋強。

培根老師
功夫小教室

螳螂拳招招強調一動三打，可幫助孩子養成正確的防身組合動作。螳螂拳要求動作迅速，同時必須站得穩，可鍛鍊出驚人的
爆發力與心肺功能。

5

機警的猴拳（高階）

訓練靈活度與身體協調性。

猴子的特色就是靈活，且協調性非常卓越，可以增進協調性
與平衡感。我融合中華武術各派的猴拳，增加許多跳躍、閃躲的
靈活性，也有單腳獨立模仿猴子攀爬的樣貌，設計出最適合孩子
學習的猴拳動作。

第一招：
頑猴洗臉
小跳一下手洗臉，腳踩虛實伺機動。

第二招：
靈猴攀枝
墊步躍起輕步落，
兩手左右攀枝盪。

第三招：
猿人通臂
兩手一展前後開，
下接斧刃無影腳。

肆

第四招：
老猿望山
併步一掌定中原，提膝抬肘望遠山。

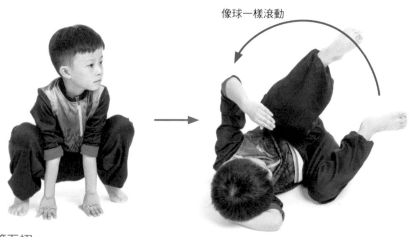

像球一樣滾動

第五招：
猴子滾球
落地護身後滾翻，像顆球轉最靈活。

第六招：
白猿獻果
起身雙手托盤子，雙掌齊發威力強。

培根老師
功夫小教室

猴拳，閃轉騰挪是有點難度的訓練內容，訓練
透過移動來閃避攻擊，在翻滾跳
躍中可增加孩子肢體的靈活性，
以及培養空間概念。

6

豪邁的鷹熊拳（高階）

自由切換拳法，訓練思路、反應與決策。

鷹與熊是天與地的霸王，兩種拳法動作的瞬間切換，相互搭配、適應補強、達到自我突破的絕佳效果。老鷹居高傲視天下，熊的豪氣萬丈無人可擋，鷹熊拳諧音「英雄拳」，希望孩子練完這套拳，變身成為豪邁的小英雄。

第一招：
飛鷹展翅
前捲後穿獨立步，
兩手開爪傲天下。

第二招：
懶熊撞樹
轉頭落步兩手張，雙臂撞樹勢難擋。

第三招：
老鷹擒兔
前鑽後蓋鷹爪擒，後腳勾膝獨立勢。

第四招：
黑熊頂肘
跺腳提膝雙手起，落步頂肘手托腮。

第五招：
鷹擊長空
獨立雙穿掌上提，換腳獨立兩手開。

第六招：
熊鎮八荒
併步蹲地下栽拳，打開雙撐震八方。

培根老師
功夫小教室

鷹熊拳會同時接觸兩種不同拳法的概念和原理。鷹拳注重單腳平衡，利用手指鷹爪練習「擒拿」；熊拳則強調兩腳站穩、重心下沉，運用臂膀直接將敵人撞開。依照防禦需求，自由切換拳法，使思路、反應、決策都變得精準到位。鷹與熊都具備王者氣息，練習時一定要充滿自信，舉手投足魅力十足。

7

優越的龍拳（高階）

精進功力與增強心肺功能

龍拳讓孩子盡情拉開身段，延展自己的肢體。練習渾身擰轉的靈活度，肩膀和腰部都施展出力量，每個動作的角度都挑戰極限的優越呈現，俗稱「拉架子」，是精進功力與增強心肺功能的絕佳訓練法。

第一招：
青龍獻爪
馬步打開手前探，
開爪向前後手拉。

第二招：
直搗黃龍
轉成弓步奮力打，擰腰送肩拳放長。

第三招：
飛龍在天
回頭掄拳換手蓋，轉身獨立衝天勢。

第四招：
蛟龍入海
落腳後叉玉盤勢，龍型下勢擰腰胯。

肆　動物拳：認識自己的身體，強健體魄

第五招：
烏龍盤打
開步甩手風火輪，仆步一下打落地。

第六招：
神龍擺尾
順勢起身外擺腿，落地來個降龍拳。

在中華文化之中，「龍」是地位最崇高的神獸，我們透過想像與施展，讓龍的姿態變得真實。龍拳可以視為「伸筋拔骨」的鍛鍊法，名稱聽起來雖然嚇人，實際上是盡量伸展，讓自己適應更大的活動範圍，使身體柔軟度提升，同時強化肌力與體能，呼吸協調性也有直接助益，在各方面都追求卓越。

大孩子的武諺拳

功夫，一直給世人一種神祕的距離感，讓人產生「學功夫門檻很高，又艱澀又難懂」的錯覺。其實功夫可以很貼近生活，我們可以用淺顯易懂的方式讓大家重新認識它，希望大人小孩都感受到：原來功夫這麼有趣，而且就隱藏在我們的生活當中，隨時都可以用得到。

「武諺」是功夫世界中，習武者對自我的訓練要求、目標期許的各種諺語。而「武諺拳」，則是將這些諺語的概念具象化、動作化。讓我們在練拳時，用身體來力行這些諺語所傳達的精神。

武諺拳印證了功夫最重要的精神──實踐。我們從小到大不斷學習多得數不清的知識和觀念，有些道理看了書、聽了講就能理解，但功夫不同，功夫不僅要「懂得」方法與竅門，更要反覆練習，直到身體能夠自然而然地做出來，這才是真正的「學會」。

無論收集再多的武林祕笈，都不可能一蹴可幾地成為高手，唯有願意虛心學習並用心實踐，才能夠真正獲得功夫的訣竅。

武諺拳的每個招式，都是功夫世界中重要的基本招式，由簡入深。已經學完唐詩功夫的孩子，或是已經國小的小朋友，如果希望領略更厲害的功夫，武諺拳是一定要學的敲門磚喔！

武諺拳第一式：
馬步採手，弓步衝拳

功夫小諺語：練拳千招，一熟為先。

學功夫最重要的，不是體能，而是「記憶」。功夫世界中，有非常豐富的技巧與多元門派，可以讓我們學到很多不同的概念，但有時候「記動作」卻是學習功夫的難題之一。

當我們接觸各門派與系統，往往有不同的學習動機與意義，而剛開始學習功夫時，接觸多元豐富的武學動作，是為了先有通盤全面的認知，而不是一開始就要將所有領域面面俱到。就像國小的孩子在學校上數學、語文、自然、社會、美術、體育課，是因為國小給予孩子的教育是最基礎、最通盤的理解與認知，而孩子們隨著年紀增長，逐漸找到自己所熱愛的領域與方向，再進一步學以專精。

相同的，學習功夫並非要求不斷加值、強灌，成為了身心的負累，而是藉

拳譜
❶立正抱拳

由多元接觸與刺激，漸漸找到自己真正喜愛的技術。

　　孩子們剛開始學習功夫時，不論肌耐力、爆發力、心肺功能與柔軟度都必須有全面的打底，讓往後的學習更有效率。因此「拳練千招」並非壞事，希望家長和小朋友都必須清楚知道學習與訓練的意義與目的。

　　武諺拳第一式，練的是最基礎卻也最重要兩個基本功──馬步與弓箭步，以及最簡單的核心手法：出拳。

　　就算是功夫高深的大師，他可能一輩子都在反覆琢磨出拳的技巧，一個再平凡不過的招式，卻也是最重要的功夫。

　　我希望每一個孩子，都不要忘記一開始學功夫的初衷，更要把這一招用心鍛鍊好，迎接越來越豐富的技術與挑戰。

②跨左腳，馬步左採手

③擰腰，弓步右衝拳

武諺拳第二式：
後坐預備勢，開步連環拳

功夫小諺語：師父領進門，修行在個人

「師者，傳道、授業、解惑也。」老師為你指點方法、知識，如果想要真正學到本領，到頭來，還是要靠自己的體會和努力。

我常常和家長分享一個觀念：老師與小朋友的關係就像農夫與種子，農夫打造出適合種子生長的空間，並用心呵護，剩下的就得看種子能否自己發芽、茁壯，衝出土壤，讓自己開花結果。所以希望爸爸媽媽在家裡能多陪孩子一起練習，久而久之，孩子自然會養成練功的好習慣。

這就是一個重要的精神——功夫是一種「實踐」。所以只打一拳是不夠的，要站穩連環打兩拳。甚至兩拳不夠再兩拳，反覆練習，才能鍛鍊出屬於自己的功夫！

拳譜

❶右預備勢

❷開步弓步左拳

❸弓步右拳

3

武諺拳第三式：
上步架打，退步坐虎

功夫小諺語：動如脫兔，靜如泰山。

　　學習功夫並非一味要練成「動」的極致，功夫追求的始終是一種「平衡」，不僅要能「動」，更要能「靜」，動靜皆宜才是我們致力追求的目標。

　　「脫兔」與「泰山」都是一種比喻，期盼自己像兔子的矯捷身手、同時也像泰山給人穩重氣派的感覺。為了追求能動能靜的目標，必須要讓孩子學會能充分控制自己與反覆訓練，就能夠判定現在是該動還是該靜。

　　現在的孩子不缺靜下來看書閱讀的時間，更不缺在外出遊玩樂的動態時光，但是非常缺乏何時該動、何時該靜的抉擇判斷。

　　而在功夫世界中，上一秒還正打著虎虎生風，下一秒卻又能夠站穩腳步、不動如山，在這知所進退的一來一往中，能訓練孩子對於未來一切挑戰，做好準備。

拳譜

❶上右腳左撈右架打

❷退右腳兩手交叉

❸四六步坐山打虎勢

武諺拳第四式：
黑虎偷心，衝拳彈踢

功夫小諺語：拳打千遍，身法自現。

　　我在帶領孩子學習功夫的時候，非常重視個人領悟，也就是「體驗教育」的概念。我希望孩子能藉由自身經驗，來體會習武過程，從直接參與中感受、反思、產生學習價值。

　　從做中學，這是功夫學習的精神。因為功夫注重的就是「實踐」，倘若只有空談而沒有真正從中練習，就算學會再多知識也沒有用。

　　「拳打千遍」並非真的要練一千遍才能懂功夫動作的用法，而是告訴孩子一個重要的精神：「簡單的事情重複做，就是專家。」當然更別忘記：「重複的事情用心做，就是贏家。」

　　練拳時更要多用心，將功夫的精神放在任何一種學習態度之上，都能讓你成為該領域的贏家喔！

❶上右手內繞格擋

❷轉右弓步打左拳

❸打右拳踢左腳

❹踢完拉回再打左拳

5

武諺拳第五式：
半步崩拳，回身劈掌

功夫小諺語：先看一步走，後開一出手。

所謂外行看熱鬧，內行看門道。一開始，我們總會被各種功夫既豐富又多元的招式深深吸引著迷，但是隨著經驗的累積，就**會發現一個人功夫的高低並非是令人目眩的手法，而是最基本的步伐移動與每個動作當下的穩定度。**

要熟記動作其實不難，稍微用心惡補，一堂課就可以學會一套簡單的功夫套路去表演，但如果想要練到好，就得老老實實從基本功著手。

所以「先看一步走，後開一出手」這句諺語，不只是告訴我們看人功夫高低的方法，其實也是在告訴我們一個重要的學習精神——先將基本練好、步伐移動清楚明瞭，站立時穩健踏實，才去追求手法攻防拆解的運用，這才是學習功夫的精神喔！

切勿為了追求小技巧，而忘記最基本的打底。

拳譜

1 崩步一併右衝捶

2 開步左手連環捶

3 右手慣性回頭甩

4 站穩弓步左手劈

武諺拳第六式：
撤步風火輪，單拍腳落地

功夫小諺語：腰要柔，腿要活。

功夫注重「根」，所以學習手法運用之前，極為重視下盤的基本功。

腰位於軀幹的中央，是身體的核心，也是上、下身力量傳導的關鍵。因此腰部強韌，可以活動的角度越大，展現的動作豐富度與力量自然隨之越大。腿部更是我們站立、跳躍、保持各種姿勢平衡的重要部位。

這套拳雖然是腰力的鍛鍊，有趣的是，諺語並沒有說腰要強、腿要壯，講的卻是「要柔」與「要活」。柔並非軟，而是強韌的肌肉可保持靈活，腳並非只練肌肉，更要能隨時保持靈敏，平時才能施展得宜喔！

> 培根老師
> 功夫小教室
>
> 現在的孩子大多待在室內，久坐之下，身體容易變得虛弱，所以更要注重鍛鍊才行喔！常坐在辦公室內的家長，也可以和孩子一起做這套拳法，來加強自己的腰力。

拳譜

① 左劈右偷步

② 擰身右劈掌

③ 風火輪上拍

④ 右踢腿落地

武諺拳第七式：
轉身採打，三步三拳

功夫小諺語：學好三天，練好三年。

　　功夫套路看似艱澀，實際上是所有基本動作的排列組合，只要認真學習，很快就能把招式記起來。但若要將動作做到位，且身體的協調性與反應都要做到好，則需要很多的時間來反覆練習才行。

　　諺語中的三天、三年都只是個比喻，在功夫世界中的「三」，代表多的意思，並非真的需要花三年才能學好。就像現在流行的「一萬小時定律」一樣，要在一個領域做到頂尖，就得花相當多的時間心力才能完成。

　　學功夫，不只是藉由這精神把功夫練好而已，更是透過這個信念促使其他的生涯規劃，用心堅持、持續努力，才能開花結果。

拳譜

❶左手採右手打

❷左腳點左手打

❸右腳右手打

❹左腳再點左手打

8

武諺拳第八式：

虛步亮掌，提膝撐架

功夫小諺語：三定為要，眼定、心定、步定。

　　不論孩子學習功夫還是其他知識，培養「定力」都非常重要。透過這套拳法可學習與**練習眼睛不亂飄，看哪裡打哪裡**，心定下來、專心一意地做好眼前的動作展現，**步伐穩重，身體就會定下來，不會左搖右晃，自然習得穩重**。

　　在練習的過程中，家長可多提醒孩子掌握「眼定、心定、步定」的要訣。經過多次的練習之後，孩子的眼神會越發堅定、心境平靜、身體保持平穩不躁動，看起來精神抖擻。

　　有了穩定的定力，將來孩子無論遭遇任何事，都能頭腦清晰、個性沉穩、思考冷靜並行為穩重，一心一意地做好眼前的事。在這個過程中，孩子就會清楚知道如何循序漸進，以及看到自己的能力成長。

拳譜

❶右手撈勾右腳併

❷左點虛步左推掌

❸右腳獨立左腳勾

❹左掌上架右手撐

9

武諺拳第九式：
纏頭裹腦手刀掌，併步劍指虎尾踢

功夫小諺語：刀如猛虎，劍似飛鳳。

　　功夫的特色之一，就是擁有極為豐富的兵器文化，刀、槍、劍、棍，甚至還有扇子、鞭子、大刀……不勝枚舉，每一種武器都有獨一無二的特性，我們必須去了解兵器的特色，才能發揮所長。

　　刀，在中華文化中，無論在軍隊或民間，都是重要的防身殺敵武器，操作時威猛有力，因此將之比喻為兇猛的老虎一點都不為過。

　　劍，更是極為適合代表功夫的武器。由於劍的雙側都是利刃，施展時無法像刀一樣做一些貼在身上的動作，操作起來其實比刀更為困難。隨著時代演變，劍成為「有權有勢」的人才能深究的一種兵器。而舞劍的動作設計也與刀有所差異，相較於刀的直接，劍的姿態較為豐富，如飛鳳般輕靈且瀟灑。

　　我們學習任何一門技巧，首重了解這個技巧的特性，才可事半功倍。「刀如猛虎、劍似飛鳳」並非真的要求大家練刀時要想像自己是老虎，或是練劍時要像鳳凰，而是期許我們在學習的時候，不要一個勁地傻練，更要進一步了解你正在學習事物的真正意義。

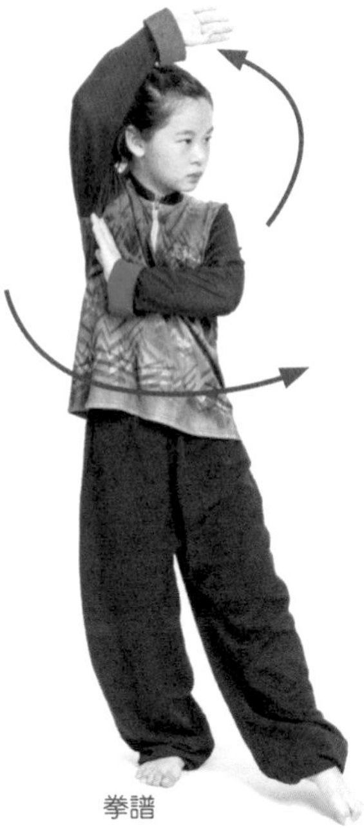

拳譜

❶纏頭一刀

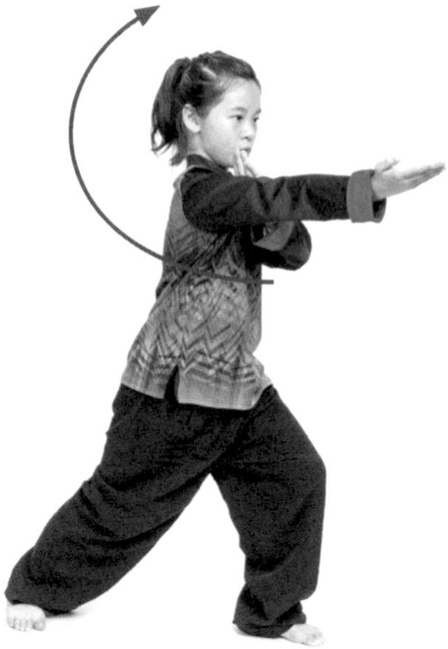

❷裹腦一刀

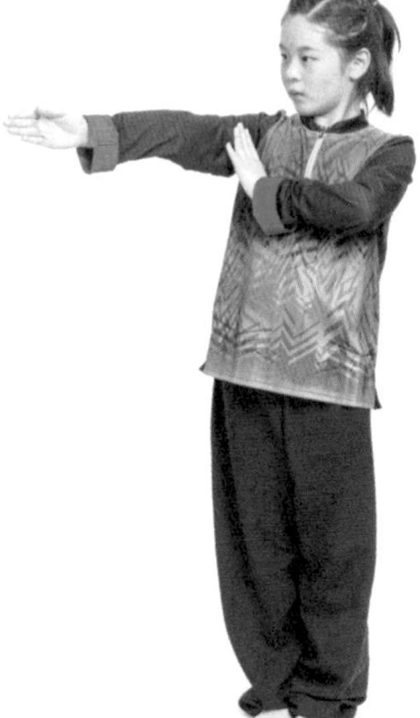

❸併步直刺

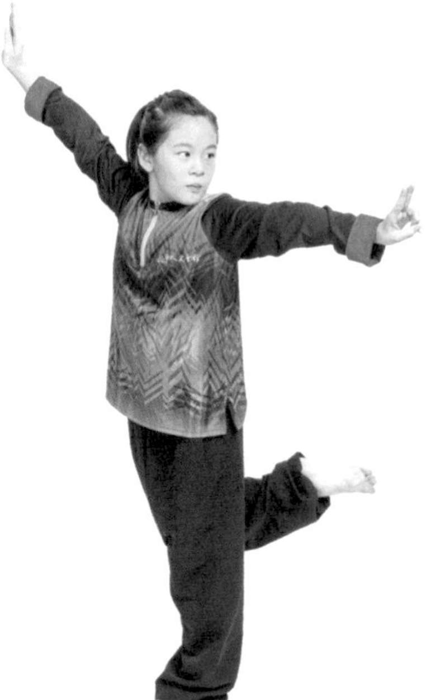

❹回劈勾腳

10

武諺拳第十式：
仆步下探，跟步插掌

> 功夫小諺語：手眼相隨，手到眼到。

　　人，往往會對期望達到的事情明確地設立一個「目標」。目標、目標，也就是眼睛所看的方向，你才能去完成它。

　　打拳千萬別往地上看，因為眼睛看的方向，最後會變成你所前往的地方。所以我常常告訴孩子們一個道理，**練拳可以讓你清楚目標在哪，有助於你未來的人生道路上，也可以秉持功夫的精神，找到你的目標並努力實踐它。**

　　練拳重視「看哪裡，打哪裡」，簡單的說，就是要看準目標，才能夠準確打到對的位置。看似再簡單不過的道理，往往卻很難做到。因為三心兩意，做著眼前的事，腦袋卻想著其他雜事，最後變得一件事都做不好。

　　「眼到手到」的核心精神就是專心一意，當我們專注於眼前的動作時，自然而然可以做到所期待的目標。

　　專注與協調，是學習功夫時，最重要且最即時可以領會的重要精神，而做人處事何嘗不需要專注與各方的協調呢？了解這句諺語的同時，可別執著只用在功夫上，更要將此精神充分運用生活百態之中喔！

拳譜

❶ 左腳開步仆步下　　　　　**❷** 重心前移前手擋

❸ 拉回收腰後跟步　　　　　**❹** 順勢右手斜插掌

11

武諺拳第十一式：
提膝二起腿，倒插轉身蹲

功夫小諺語：能動能靜，拳道之聖。

「能動能靜，拳道之聖」的下一句是「動而不靜，拳道之病」，原意是學拳必須懂得收放自如，每個招式停下來時，不能亂晃或失去重心平衡。

假如練拳總是拖泥帶水，動作不乾不淨，會變成糟糕的壞毛病，所以一定要小心避免這種情況發生。然而這句諺語的精神，其實不侷限於動作肢體的展現，應該放大到通盤的行為舉止，也就是藉由習武練拳養成的習慣，靈活運用在生活上。

中華文化極為注重「平衡」的精神，也是我們追求的最高境界。功夫不只教孩子怎麼動，更注重怎麼「不動」。**功夫強調每個動作的穩定度（動中求靜），更有靜坐訓練氣血流動的法門（靜中求動）**。倘若在武學上能夠掌握動靜皆宜，相信在做人處事上，也可以拿捏得當。

這句諺語的「聖」字，並非是自滿自傲的誇飾法，而是追求的一個嚮往，朝向這個目標邁進，期許自己能無時無刻都能掌握生命中的平衡。

拳譜

❶起身抬膝右手揮　　　　❷左腳抬起左手前

❸單拍踢完單腳落　　　　❹左腳後岔玉盤勢

12

武諺拳第十二式：
側踹落步弓步打，單拍寸腿立掌推

功夫小諺語：打拳要長，發勁要短。

練習功夫時，有兩種訓練方向，當訓練套路動作的時候，要
盡可能地開展自己的身體，將動作做到最大，可以藉此鍛鍊自己
的肌耐力與有氧心肺功能。

而練習打擊動作的時候，不要拖泥帶水，所有動作一次快
速完成。不僅鍛鍊出爆發力，也訓練對打防身時的反應與敏銳度
喔！

拳譜

❶右腳側踹兩手展　　　　❷落步拉長打一拳

❸左腳踢腿右手拍　　　　❹拉弓退步立掌推

13

武諺拳第十三式：
按掌提手單鞭下，金剛搗錐對拳收

功夫小諺語：內練精氣神，外練手眼身。

全身的協調與平衡性非常重要，不僅只有肢體的協調，更注重精神與身體上的搭配。**眼睛看哪，拳頭才能打到哪**。光從眼神與身體協調，即可看出端倪。能動能靜，是我希望孩子能達到的外在表現。

而內在的訓練也不能少，不只侷限攻防精神與正確的功夫概念培養，也包括了體能的鍛鍊、心肺功能的提升，更重要的是態度上的養成。所以學習功夫，絕對不只為了拳腳之間，能夠由內到外都能面面俱到，讓孩子走出去舉手投足都能散發出頂天立地的精神，這才是學習功夫的目標。

拳譜
❶左蓋右勾手上提

❷提膝下仆單鞭落

❸順勢往左右手抄

❹提膝跺腳金剛勢

❺兩手一拍開步回

❻併步兩拳對收勢

國家圖書館出版品預行編目(CIP)資料

親子一起練功夫：鍛鍊體能與防禦力,提升專注力 / 任培豪著. --
初版. -- 臺北市：商周出版：家庭傳媒城邦分公司發行,
2018.02
　　面；　公分. -- (商周教育館；12)
ISBN 978-986-477-399-2(平裝)

1.武術 2.親子

528.97　　　　　　　　　　　　　　　　　107000343

商周教育館13

親子一起練功夫：鍛鍊體能與防禦力，提升專注力

作　　　者／任培豪
企劃選書／彭子宸
責任編輯／彭子宸

版　　　權／翁靜如、吳亭儀、黃淑敏
行銷業務／張媖茜、黃崇華
總 編 輯／黃靖卉
總 經 理／彭之琬
發 行 人／何飛鵬
法律顧問／台英國際商務法律事務所羅明通律師
出　　　版／商周出版
　　　　　　台北市104民生東路二段141號9樓
　　　　　　電話：(02) 25007008　傳真：(02)25007759
　　　　　　E-mail：bwp.service@cite.com.tw
發　　　行／英屬蓋曼群島商家庭傳媒股份有限公司城邦分公司
　　　　　　台北市中山區民生東路二段141號2樓
　　　　　　書虫客服服務專線：02-25007718；25007719
　　　　　　服務時間：週一至週五上午09:30-12:00；下午13:30-17:00
　　　　　　24小時傳真專線：02-25001990；25001991
　　　　　　劃撥帳號：19863813；戶名：書虫股份有限公司
　　　　　　讀者服務信箱：service@readingclub.com.tw
　　　　　　城邦讀書花園：www.cite.com.tw
香港發行所／城邦（香港）出版集團
　　　　　　香港灣仔駱克道 193 號東超商業中心 1F E-mail：hkcite@biznetvigator.com
　　　　　　電話：(852) 25086231　傳真：(852) 25789337
馬新發行所／城邦（馬新）出版集團【Cite (M) Sdn Bhd】
　　　　　　41, Jalan Radin Anum, Bandar Baru Sri Petaling,
　　　　　　57000 Kuala Lumpur, Malaysia.
　　　　　　電話：(603) 90578822　傳真：(603) 90576622
　　　　　　Email: cite@cite.com.my

封面設計／王俐淳
內頁設計排版／洪菁穗
內頁攝影／鍾君賢（水草攝影工作室）
圖片提供／武林文創（p28、p31、p33、p59、p60、p116、p148、p178）
印　　　刷／中原印刷事業有限公司
經 銷 商／聯合發行股份有限公司
地址：新北市231新店區寶橋路235巷6弄6號2樓
電話：(02)2917-8022 傳真：(02)2911-0053

■2018年2月1日 初版

ISBN　978-986-477-399-2　Printed in Taiwan

定價360元

城邦讀書花園
www.cite.com.tw